# UMA VIDA SÓ
# NÃO BASTA!

Antonio Carlos Teixeira Franco

# CONTENTS

# PREFÁCIO

Esta não é uma obra de psicografia e seu surgimento se deu de modo bastante peculiar.

Lembramo-nos dos idos de 1995, quando nosso pai datilografava incansavelmente e de forma compenetrada, como se tivesse um prazo ou um trabalho a entregar.

As páginas vinham umas às outras, em sequência. Não tínhamos ideia exatamente do resultado final.

A cada trecho surgido, ele lia em voz alta, como que a participar também da envolvente história que estava sendo transcrita daqueles dias passados...

Não há como dizer que houve propriamente uma    psicografia.

Mais tarde nosso pai nos informou que lhe surgiam à mente, imagens e cenas que ele mesmo não sabia dizer a origem, o porquê ou como estas se desenrolariam...

Não há como atribuir a uma entidade espiritual específica os créditos desta história, embora todos da família tenhamos presenciado, ao longo de nossas existências, inúmeros fatos e situações que comprovassem a influência dos "nossos amigos invisíveis" sobre nossas vidas e especialmente sobre meu pai, que é médium.

Este é um romance de conotação espírita, ambientado na segunda metade do século XIX, no que será nos tempos de hoje a cidade de Belo Horizonte.

Segundo as palavras de nosso pai, narra supostos acontecimentos que envolveram alguns de nossos familiares em uma existência anterior.

Caberá ao leitor ler, analisar e tirar suas próprias conclusões.


Ricardo Luiz e Marcello Oliveira Franco

Filhos do autor

São Paulo, fevereiro de 2021

## ACIR E VANILDA

J ovem médico sulista, atraído pela exuberante beleza de Célia, com ela contraiu matrimônio ainda muito moço.

Passado o encanto dos primeiros meses da vida em comum, passou a desprezá-la acintosamente, pois não encontrara na esposa qualquer afinidade de objetivos e anseios. Com ela teve uma filha biológica, Celina, e assumiu Jacyra, que Célia gerara em antigo romance, antes de conhecer Acir.

Homem de personalidade forte e marcante, Acir costumava planejar todos os seus atos e lutava, ferrenhamente, para alcançar seus objetivos. Teve em Moacir e Rubens, os seus melhores amigos.

Ao contrário de Acir, Vanilda era meiga e muito carismática!

Dotada de grande inteligência e dedicação aos seus princípios, formara-se em enfermagem e farmácia.

Estatura mediana, bonita, era possuidora de grandes olhos verdes e longos cabelos louros. Em determinada época de sua vida, abandonou a enfermagem para dedicar-se à música e a um romance, que tentou ocultar, por muitos anos!

A tarde caía, finalmente, após agitado dia de trabalho no pequeno hospital. A brisa fresca da noite agitava as tênues cortinas da biblioteca, onde Acir refazia-se do longo ato cirúrgico que acabara de realizar. Desajeitadamente estirado sobre sua poltrona favorita, observava o vai-e-vem da enfermagem. O tilintar dos pratos e dos talheres do jantar que estava sendo servido fazia parte, sem dúvida, da sua rotina. Rotina que, bem sabia, estender-se-ia até a monotonia do seu lar.

Sua residência era ampla e confortável, provida de excelente acervo de obras literárias, que ele tanto apreciava, e reunindo valiosíssimos exemplares importados, abrangentes das mais

evoluídas técnicas cirúrgicas realizadas em países da Europa.
- De que me adianta tudo aquilo, se não encontro na esposa recíproco entusiasmo?
Acir não se sentia totalmente feliz na sua convivência com ela.
Sua profissão não despertava em Célia, o menor interesse. Ela não
conseguia disfarçar o seu alheiamento, enquanto ele narrava, entusiasmado, a técnica empregada, a conduta adotada ou suas últimas conquistas na esfera científica.
Tudo aquilo, nada representava para ela! Seu orgulho advinha apenas da aparência bonita e respeitável do esposo, no seu belo tra-
jar, característico dos médicos da época!
- O mais famoso cirurgião da região!
Isto bastava à sua vaidade e a fazia feliz, diante dos comentários
invejosos das amigas.
Enquanto divagava em seus pensamentos, Acir não percebeu a
presença de Vanilda que, embora não conseguindo esconder o
cansaço, havia sentado ao seu lado e tecia comentários lisonjeiros
a sua habilidade no manejo do bisturi!
Ela, como companheira de trabalho que era, sabia valorizá-lo
como profissional! – E entende os meus anseios e compartilha dos
meus sucessos e insucessos! – completava, mentalmente, Acir.
Acir sabia perfeitamente que Vanilda nutria, por ele, grande admiração. Ainda que lutasse intimamente para não demonstrá-
la, temerosa de que viesse a transformar-se numa afeição mais
envolvente.
Naquela noite, pensou Acir, poderia ser diferente! Poderia convidar Vanilda para um gostoso "bate papo", descontraído, no estabelecimento de Osmar e, em seguida, deixá-la em sua residência
que, afinal, ficava próxima do seu bairro!
Osmar, no seu estabelecimento comercial, além de "vendeiro" e
lojista, servia bebidas e lanches rápidos.
Armando-se de coragem, pois não sabia qual seria a reação de Vanilda, visto que, até aquele dia, jamais se aproximara dela daquela
forma, Acir fez convite:
- Vanilda! Perdoe-me a ousadia, mas com tantos contratempos a
nos assediar, que tal uma "esticada" até o Osmar, para tomarmos

um bom licor? Fique à vontade para recusar. Eu entenderei!

-Oh! Sinto-me lisonjeada com o seu convite! Acho que estou mesmo precisando disso..

- Apanharemos, então, a Dona Célia e iremos nos divertir!

Acir ressentiu-se um pouco... A Inclusão da "Dona Célia" ao convite era quase uma negação ou uma delicada desculpa.

- Sabe, Vanilda, minha esposa não é dada a esse tipo de diversão. Ela aprecia mais ficar só, admirando suas últimas aquisições em matéria de vestuário e adereços. Asseguro-lhe, contudo, que ela não irá se ofender com isso, pois é sabedora do grande respeito e admiração profissional que tenho por você!

Vanilda concordou.

A charrete prosseguia, em lânguida marcha, enquanto Acir ,absorto em pensamentos, questionava-se sobre a honradez da sua atitude.

Sendo um homem casado e responsável pela firmeza de um lar que abrigava pessoas tão indefesas e dependentes, seria justo, agora, correr o risco de macular um relacionamento que, se não para ele, era tão firme e seguro para Célia, Celina e Jacyra? A esposa e as filhas tinham-no na conta de um homem de conduta irrepreensível e pai exemplar... Um verdadeiro baluarte de honestidade e competência! Será que a indiferença de Célia, perante seus avanços profissionais, justificaria a busca de uma companhia, efêmera que fosse, mas extra–familiar e que, talvez, trouxesse alegria só à sua pessoa? Não estaria havendo egoísmo de sua parte?

Assim pensando, seu entusiasmo inicial certamente arrefecera!

- Acir, você está tão calado... Não estará preferindo ir descansar em sua casa, junto a sua família?

- Perdoe-me, Vanilda! Eu meditava, apenas... Contemplava a noite, tão  passiva, tão complacente... A humildade do animal que nos conduz a charrete, a paz que deveria sempre nos esperar no fim do dia, com a jornada de trabalho  conscienciosamente cumprida! Mas, fale-me de você, da sua vida, do seu passado. Apesar de trabalharmos juntos, sei tão pouco sobre você... Também, com o hospital sempre cheio, não nos sobra tempo para conversação. Falemos de coisas alegres... De você, por exemplo!

-Ah, meu amigo, nunca fui dada a importar-me com coisas do passado... Nossos atos pretéritos, no meu ver, não têm serventia alguma! A não ser, fazer-nos sofrer novamente... Além do que, saímos, hoje, dispostos a passar alguns momentos agradáveis e, com certeza, falar sobre minha pessoa não será nada convidativo!

- Vanilda, notei melancolia em sua voz, quando se referiu ao passado... Mas, se você pensa assim, o melhor mesmo é esquecê-lo!

Distraídos em suas conjeturas, não perceberam a presença do professor Rubens que, da calçada, insistia em cumprimentá-los:

- Muito boa noite, senhor! Senhorita Vanilda! Dr. Acir!
- Boa noite ao senhor também! – responderam, uníssonos.

Ex-seminarista, Rubens dedicava seu tempo a lecionar piano e a alfabetizar a gurizada, em pequena escola, afastada do centro.

Homem de meia idade, profundos conhecimentos religiosos e inabalável fé. Embora desprezasse as riquezas materiais, conseguia bons resultados financeiros em concertos que dava em cidades de maior porte e aplicava-os na manutenção de pequenas escolas e de sua chácara, onde mantinha espécimes raras da fauna brasileira. Nunca se casou, tendo dedicado sua vida à mãe, que na verdade o criara, mas não era sua verdadeira mãe e às crianças.

Comentavam ainda sobre a simpatia do Prof. Rubens quando Acir lembrou-se de que, muito recentemente, em visita ao seu consultório, Rubens havia feito longa e sensata explanação sobre a influência do passado na vida atual das pessoas.

Segundo o professor, viveríamos hoje um reflexo do passado e, na sua teoria, teríamos até vivido várias outras vidas – como reviveríamos outras tantas – sobrepostas em eterna ascensão, através da revisão constante dos erros cometidos anteriormente e o aperfeiçoamento do "espírito", aproximando-nos, cada vez mais, do Criador.

- Muito sábio, esse professor... Mas não creio ter vivido antes! – comentou Acir.

- Se assim fosse, estaria eu agora completamente desnorteada, pois acabo de afirmar que não me importo com coisas do passado! – completou Vanilda.

- Não ligue, Vanilda! Ele é muito culto mas também é um pouco louco!

Rindo a valer, apearam junto ao comércio de Osmar.

Próspero comerciante de secos e molhados, importador de tecidos e agiota, Osmar era vai - doso ao extremo e, embora de bom caráter, às vezes esquecia seus bons princípios diante da possibilidade de auferir algum lucro em suas transações comerciais. Era casado com Deolinda, bela senhora, filha de portugueses. Não tinham filhos, pois Deolinda era estéril.

Osmar recebeu-os com efusivos cumprimentos, como sempre fazia com ilustres visitantes. Principalmente nessa oportunidade, em que o Dr. Acir comparecia ao seu estabelecimento acompanhado da bela jovem, admirada por todos devido a sua esmerada educação e competência profissional!

Prestativo, indicou-lhes a melhor mesa da varanda. A tarde esmaecia... A brisa refrescante perfumava o ambiente com o aroma do eucaliptal mais próximo. O sossego do crepúsculo convidava a meditações e confidências. Entre um e outro cálice de finíssimo licor de amêndoas importado, tão apreciado por Vanilda, a conversa brotava sutilmente, espontânea e franca. Como se estivessem a repetir hábitos de longa data! A comunhão de pensamentos atestava a harmonia que se implantara nos companheiros de trabalho. A responsabilidade dos atos em comum realmente plasma o entendimento recíproco em parceiros unidos, tantas vezes, apenas pelas necessidades das obrigações profissionais.

- Minha amiga! Pela primeira vez sinto a alegria de um início de noite... Habitualmente, a estas horas, estou mergulhado nos meus livros, buscando aperfeiçoar-me um pouquinho mais, para o bom atendimento aos pacientes. Como vê, o ambiente do lar não me desliga das responsabilidades do hospital.

- Isso explica a sua competência e o brilhantismo do seu trabalho! – comentou, Vanilda.

Vanilda poupou os elogios pessoais, que sempre sobejavam na sua mente, ao pensar na capacidade do seu amigo e colega de trabalho.

Moça recatada e honesta, sua consciência policiava-lhe todos os atos, tentando restringi-los à convivência, apenas, profissional!

- Confesso que a pesquisa e o acompanhamento dos trabalhos realizado por colegas da Europa têm-me sido de grande valia mas, intimamente, sinto certa frustração por estar aqui, acomodado em cidade tão pequena, onde o progresso custa tanto a chegar!

- Ora, Acir! Você é tão jovem e tem o futuro todo pela frente! Por que não reserva uma parte do tempo para si mesmo e, uma vez ou outra, faz uma viagem de pesquisa, renovando seus conhecimentos e divertindo-se, ao mesmo tempo?

-Tenho pensado nisso! – retrucou Acir. – Ainda nesta semana o Prof. Rubens falava-me sobre um curso que irá fazer, em Paris, e insistiu muito para que eu o acompanhasse. Além de aperfeiçoar-se na música, irá também conhecer um grupo de "visionários", que se dedica a apregoar a existência de um "ser", uma "alma", sei lá, invisível, que nos comanda as próprias ações! Dão-lhe o nome de "espírito" e dizem que é imortal!

Ah! E atrevem-se a dizer que são eternos e que hão de "reencarnar", em novo corpo físico, sempre em busca da evolução, em ascensão contínua, em direção a Deus! É muita pretensão, não acha? Devem ser, sem dúvidas, alguns "lunáticos"!

- Pobre homem... Tão inteligente, tão bom...! É uma pena vê-lo perder o seu tempo com essas ilusões... – comentou, piedosa, Vanilda.

Com uma ponta de curiosidade, Osmar aproximou-se da mesa, pois era a primeira vez que o Dr. Acir mostrava-se acompanhado de outra dama, que não a sua esposa.

- Sabe, Dr. Acir, admiro demais a sua ilustre pessoa, tão competente, cheia de sabedoria...! É uma pena que alguns dos seus melhores amigos não venham se portando de modo a fazer jus `a grande amizade e honradez que o doutor lhes dedica...

- Como, assim, Osmar? Não estou entendendo!

- Refiro-me ao Moacir. Sua conduta leviana perante alguns honrados comerciantes desta cidade irá, certamente, macular o nome do brilhante doutor, que não esconde tê-lo dos seus amigos mais íntimos! – completou Osmar.

Homem de grande cultura, idealista por natureza, Moacir buscava amparar os menos favorecidos pela sorte, empenhando, em suas tarefas, quase todo o lucro advindo de sua fazenda de criação de cavalos. Frequentemente doava mais do que suas posses permitiam e via-se em grandes enrascadas financeiras, sem permitir, contudo, que os problemas empanassem o sorriso que sempre trazia nos lábios! Passava a maior parte do seu tempo ocupado com seus cavalos ou em longos "bate-papos" com a peãozada, oportunidade em que pregava seus princípios religiosos e aconselhava-os nas decisões de seu dia-a-dia.

Alto, magro, de tez morena e aspecto jovial, era casado com Adair, moça criada em cidade grande e de hábitos refinados!

- Osmar! Gostaria que suas acusações fossem mais claras, pois, como é do conhecimento público, tenho em Moacir muito mais do que um amigo... Diria, mesmo, um irmão! – retrucou Acir.

- Ora, nobre doutor... Todos sabem da dívida que ele tem conosco e, pôr mais que insistamos em recebê-la, tem-se recusado a saldá-la! De que adianta ficar fazendo suas caridades, por aí, se não paga as próprias dívidas? Os seus pobres que peçam a Deus, pois, com o meu dinheiro não comerão mais nada! - ao terminar a explanação, desmanchou-se em ruidosas gargalhadas...

Indignado com a falta de diplomacia do seu interlocutor, ao se dirigir à pessoa do seu melhor amigo e, não conseguindo esconder a revolta, respondeu Acir, quase aos gritos:

- Osmar! Quero, neste instante, a monta da dívida que Moacir tem com você! Vou saldá-la, até o último tostão! Saiba, porém, que deposito toda a minha confiança em Moacir e o tenho na conta de um dos cavalheiros mais honrado desta mísera cidade! Se não quitou seu débito com você, será porque, certamente, há de ter tido algum contratempo!

Percebendo a cólera estampada no rosto do médico e o olhar de reprovação da ilustre enfermeira, Osmar deu-se conta de que havia ultrapassado os limites da discrição. Tentou desculpar-se, dizendo:

- Mil desculpas, caro doutor! Não tive outra intenção se não a de alertá-lo para que preserve o seu nome!

- Agradeço a gentileza, mas faço questão de que o amigo me apresente a conta do Moacir!

Feito o acerto, Vanilda convidou Acir a se retirarem do estabelecimento e caminharem um pouco a pé, aproveitando os últimos momentos da luz crepuscular.

O belo espetáculo trouxe, à lembrança do casal, uma poesia, escrita por Juventino:

◆ ◆ ◆

## O POR DO SOL

Como gosto de ver, nas tardes de vento,

As nuvens vagando, sem rumo, no céu!

Parece uma tela, o azul firmamento,

Que um anjo levado rabisca a pincel!


E pinta a esmo, figuras sem nome...

São fadas, são monstros e carneiros lanosos,

Que logo se esvaem, em corpos disformes,

Juntando-se, adiante, em flocos curiosos!


Mas logo se esgota, da arte, sua fonte,

Enfada-se o anjo, moleque traquina,

E atira as tintas a um canto, num monte,

É quando outro artista, que as cores domina,

Empunha a paleta e lá no horizonte,

Surge o "pôr do Sol", de obra divina!

*José Carlos Teixeira Franco

A conversa continuava agradável entre o casal e, ao cruzar o pequeno jardim que nesta época do ano encontrava-se repleto de flores de vivas cores, com a predominância de biris e azaléias, surge-lhes à frente, cambaleante como de costume, a figura enigmática e pitoresca do Lucas que, prontamente, cumprimentou-os:

- Boa noite, Dr. Acir! A Dona Célia está bem? – inquiriu. E continuou:

- Que bom! Aposto que ela se alegra em saber que o senhor tem uma enfermeira tão dedicada, que faz questão de servi-lo mesmo após o término da jornada de trabalho! – disse o ébrio, bafejando álcool.

Ao ouvir o comentário pejorativo, Vanilda teve o ímpeto de ofendê-lo. Conteve-se, porém, pois não era de seus hábitos perder a linha. Apenas, pediu ao companheiro que a levasse para casa, já que, pelo adiantado da hora, essa era a melhor coisa a ser feita.

No curto trajeto até sua residência pouco conversaram. O passeio, que se iniciara tão bem, terminara melancolicamente! Restava agora pedir a Deus que a repercussão de um fato tão inocente não se propagasse pelas línguas ferinas do lugar.

Vanilda, entretanto, percebeu que no seu coração, lá no fundo do seu íntimo, brotara uma afeição mais perigosa, dadas as circunstâncias.

- Boa noite, Vanilda! Apesar dos contratempos eu lhe agradeço

pela gentileza da sua companhia. Acredite que me fez muito bem!
- Ora, Acir! Acho que somos, ambos, carentes de algum lazer descontraído. Quem sabe teremos mais sorte num próximo passeio? Boa noite!

- Enfim, uma promessa! – Atreveu-se, Acir, a admitir. Pelo menos, haveria sempre um "ombro amigo" a oferecer um consolo à incompreensão costumeira a esperá-lo em casa...

Ao encontrar Célia e as meninas dormindo, Acir permaneceu, por longo tempo, sentado na pequena mureta do alpendre e entregou-se a devaneios mil, imaginando como seria bom se Célia pensasse como Vanilda, se o compreendesse melhor, se soubesse valorizar mais seu trabalho, ao invés de ter como única preocupação, a aquisição de valiosíssimas joias e roupas, as mais extravagantes possíveis!

No dia seguinte a vida recomeçava, normal, na pequena enfermaria. Entretanto, Acir e Vanilda já não se sentiam à vontade, um diante do outro. Os olhares se evitavam mas os corações buscavam-se, atrevidos! Aquela naturalidade fraterna que havia entre os dois sofrera uma pequena mudança. A perigosa chama do amor prenunciara-se naquele relacionamento. A convivência amorosa, se contida, sufocada, torna-se, às vezes, até perniciosa e indesejável.

Vanilda, tão prestativa e eficiente, segura como sempre fora, de seus atos, demonstrava agora clara inibição ao dirigir-se a Acir. E ele, por mais que tentasse, quando Vanilda estava por perto, claudicava, inseguro, no manuseio dos instrumentos. Tal insegurança, bem o sabia, prejudicar-lhe a concentração necessária por ocasião dos atos cirúrgicos.

Como ambos intuitivamente previam, a relação agora estabelecida amorosamente entre os dois, começava a cobrar-lhes o tributo. Porém, mister seria que tivessem em conta a natureza do seu trabalho, manuseando vidas! Essa sensação desagradável passaria com o tempo – pensava Vanilda – mas, ao contrário, a cada dia sentia-se mais perturbada com a presença de Acir. E ele, por sua vez, enfrentava longas noites de insônia e sentia que, paulatinamente, Vanilda, cada vez mais, invadia os seus pensamentos!

Após alguns meses, certo dia, quando Vanilda se preparava para instrumentar delicada cirurgia pediátrica e, enquanto separava o instrumental, percebeu que as suas estavam trêmulas e o pensamento divagava... Enfim, sentia-se inapta para auxiliar o ato que, a qualquer deslize seu e, principalmente de Acir, colocaria em risco a vida de inocente criatura! Foi quando, portando uma bandeja com medicamentos, Fabiana adentrou ao recinto.

- Bom dia, Vanilda!

- Bom dia, Fabiana! Por onde tem andado?

- Ah! Fui matar as saudades da minha querida terra! Passei alguns dias ao lado dos meus pais e dos amigos que por lá deixei...

- Que bom! – retrucou Vanilda.

- Vanilda, você está um pouco triste... Será impressão minha ou a amiga está escondendo algo? Lembre-se de que entre nós nunca houve segredo!                                    - Ah! Fabiana... Realmente um problema me preocupa... Contareis tudo, mais tarde, se primeiro você me fizer um favor!

- Como não, dileta amiga? Em que posso lhe ser útil?

- Gostaria que você auxiliasse, doravante, todas as cirurgias do Dr. Acir... – completou Vanilda. Do Dr. Acir? Mas você sempre se sentiu orgulhosa por trabalhar ao lado dele...! Por que isso, agora? – questionou, surpresa, Fabiana.

- Bem, minha amiga... Faça isso por mim! Depois hei de contar-lhe os       motivos       e       você       saberá       compreendê-los! Havia uma  intervenção cirúrgica programada pelo Dr. Acir para aquele mesmo dia.  Fabiana prontificou-se aos instrumentais, conforme prometera à Vanilda.

O Dr. Acir aprovou a mudança, mentalmente! Assim, veria diminuído, na sua consciência, o peso que representaria a presença de Vanilda ao seu lado.

A operação foi coroada de êxito. Porém, o Dr. Acir  já não exibia aquela destreza sistemática que sempre apresentara nessas ocasiões. Trêmulo, indeciso, gerando certa insegurança entre os demais participantes da operação, deixou transparecer à todos que algo não estava bem!

O médico operador, comandante da mesa, é sempre a fonte de energia e decisão que domina as ações e reflexos dos seus subordinados. Se o general claudica, a tropa acovarda-se!

Infelizmente, à partir daquele dia o Dr. Acir, embora muito se empenhasse em desfazer aquele clima de insegurança, gerado desde a operação passada, não mais contou com a aprovação total e indiscutível de seus colegas de trabalho, quando tinha que ser tomada alguma decisão urgente ou de maior monta.

Por temor, ou por maldade, logo tais anormalidades foram levadas ao conhecimento do diretor do hospital.

Alguns dias após, Acir foi chamado à sala do Dr. Herculano, homem ríspido e exigente que, no entanto, sempre demonstrou profunda admiração pelo desempenho de Acir.

- Bom dia, Dr. Acir! Sente-se, por favor, pois devemos tratar de assunto importante.

- Pois bem, Dr. Herculano. Sou todo ouvidos!

Demonstrando grande constrangimento, o diretor iniciou o diálogo:

- Dr. Acir! O senhor sabe o quanto o admiro. Não só por ser o amigo excelente cirurgião, mas também pelo admirável senso de responsabilidade e dedicação, até hoje demonstrados, tanto nas grandes como também nas pequenas coisas que requeiram sua atenção.

- Agradeço as palavras gentis, Dr. Herculano, mas creio haver motivo mais importante, que justifique minha presença em seu escritório! – retrucou Acir.

- Sim! Sem dúvida, há outro motivo. Desejo sugerir ao amigo que entre em gozo de merecidas férias!

- Ah! Isso não, Dr. Herculano! O senhor bem sabe que reservo uns dias ao lazer, a cada dois anos. E ainda não fez um, completo, desde que passei um mês todo em viagem de turismo!

- Mas, Dr. Acir, o senhor tem demonstrado, nos últimos dias, que está muito estafado! Seus próprios colegas de clínica não o têm reconhecido mais. Eles têm notado a dificuldade que o senhor tem tido no cumprimento da sua agenda, mesmo nas decisões emergenciais! E até no relacionamento com os amigos... O senhor mudou muito, Dr. Acir! Em muito pouco tempo!

- Ora, Dr. Herculano! De fato, ando meio neurastênico, reconheço, mas não creio estar denegrindo, assim, a minha imagem! Férias, no momento, nem pensar!

Percebendo a irredutibilidade de Acir, o diretor resolveu recuar, mas não sem fazer-lhe severas observações:

- Está bem, Dr. Acir. Deixemos as férias para outra ocasião. Umas recomendações, contudo, sou obrigado a fazer! Estou aqui para zelar pelo bom andamento dos serviços neste nosocômio. Em primeiro lugar, quero alertá-lo sobre a necessidade de se cumprir os horários programados. Como é de seu conhecimento, temos apenas um centro cirúrgico e seus colegas também precisam dele! Seus atrasos constantes têm dificultado o bom aproveitamento das instalações, chegando até a provocar o adiamento de cirurgias de urgência! Chamo também a sua atenção pela maneira descuidada com que o senhor tem se apresentado. Não fica bem, Dr. Acir, um médico tão bem conceituado, como o senhor sempre foi, apresentar-se com a barba por fazer e, às vezes, cheirando a álcool!

As observações do diretor mexeram profundamente com Acir. De fato – concluiu intimamente – ele já não era o mesmo. Bastaram algumas horas em companhia de Vanilda para deixá–lo nesse estado calamitoso de confusão mental!

Era inexplicável, mas a verdade é que estava perdidamente apaixonado por Vanilda!

Como ele, não sendo nenhum adolescente, pudera entregar-se de maneira tão súbita a uma paixão? Além de tudo, proibida? Isso não podia estar acontecendo com ele! – pensava.

Deixando o hospital, resolveu passar na casa do professor Rubens, pois via nesse amigo, grande capacidade para entender as coisas da mente... Muito mais que ele próprio, que era médico!

As companhias de Rubens e de Moacir sempre lhe fizeram bem. Via nos amigos uma amizade sincera, despojada de qualquer interesse material... Como não acontecia com muitas pessoas que o procuravam, sempre para tirar alguma vantagem, senão financeira, pelo menos para elevar sua posição social. Com esses amigos, isso não acontecia! Ambos eram totalmente desligados das coisas que diziam serem materiais!

A casa de Rubens era um verdadeiro oásis aos olhos de qualquer ser humano! Dois belos canteiros floridos guarneciam a pequena alameda que ia do portão até o grande alpendre. Este, coberto por primaveras das mais variadas cores, era o reduto de belos pássaros que saudavam o visitante com magnífico coral de maviosos cantos! Beija-flores, sabiás, bem-te-vis esvoaçavam ao redor de um pequeno, mas bem cuidado chafariz! Animais de pequeno porte e das mais variadas espécies habitavam os belos quiosques construídos com carinho e dedicação, pelo próprio Rubens. Aquela pequena chácara fazia jus ao nome: Cantinho do Céu!

Como de costume, Rubens recebeu-o com efusivos cumprimentos:

- Oh! Quanto prazer em revê-lo, meu caro amigo! A que devo a honra da ilustre visita?

- Bem, meu caro professor... Se sei lidar bem com os males do corpo, o mesmo não faço com os problemas da mente, ou da alma, como diria o grande amigo! Preciso da sua ajuda!

Após ouvir atentamente os relatos dos acontecimentos do último mês, expostos pela voz emocionada de Acir, Rubens concluiu, confiantemente:

- É o amor, meu caro doutor! O senhor está apaixonado... É apenas isso!

- Ora, Professor Rubens... Está certo que o senhor está bem a par dos meus problemas íntimos com Célia, mas, nem por isso deixei de amá-la e, além disso, já conto muitos anos de vida, os suficientes para não deixar-me levar por paixões desenfreadas! Confesso, sim, sentir grande admiração por Vanilda mas, daí, até apaixonar-me, de maneira repentina, é impossível – conjeturou Acir.

- Dr. Acir! As coisas do coração não são bem assim como o amigo acredita. Sendo o senhor um homem honrado e fiel cumpridor dos seus deveres ,não percebeu que, ao longo do tempo seu coração passou a balançar entre Célia e Vanilda. Em Célia, o amigo sempre viu a esposa dedicada aos afazeres do lar e a excelente mãe das suas filhas. Em Vanilda, o doutor viu a companheira!

Enquanto Acir ouvia, atentamente, continuou Rubens:

- É claro que o doutor irá se recusar a admitir tal fato! Mas, latente, no fundo do hipotálamo, as coisas estão bem definidas: Célia é a esposa e Vanilda é a companheira!

A frieza com que Rubens tecia seus comentários deixava-o bem à vontade, como se o problema relatado fosse assunto do cotidiano, na vida do amigo.

Armando-se de coragem para tratar de um tema tão delicado, Acir decidiu inquirir ainda mais o amigo:

- Professor Rubens! Digamos que eu nunca tenha amado, verdadeiramente, Célia. Que eu tenha me casado com ela pelos seus belos dotes físicos mas, ainda assim, julgo ser impossível o despertar de um amor tão repentinamente!

- Amigo... O coração tem razões que a própria razão desconhece! Quem garante, Dr. Acir, que o senhor e a Srta. Vanilda já não tiveram um relacionamento, em vidas passadas e só agora tenham se encontrado para dar continuidade a um trabalho? Paixões repentinas, às vezes, são assim explicadas! Ninguém, neste mundo de Deus, une-se ou separa-se sem que Ele o permita ou o saiba! O erro básico tem sido o casamento improvisado, leviano, levado por atrações puramente carnais! A beleza física, infelizmente, se mal administrada, pode gerar paixões equívocas, de más consequências. O desejo carnal é uma força terrível, como uma faca de dois gumes! Se une, tantas vezes, quantas vezes nos separa? E a separação, a dissolução de um lar, sempre há de deixar-nos sequelas dolorosas! Se não físicas, no íntimo do nosso ser, no fundo dos nossos corações! E quantas vezes tais feridas estendem-se até aos nossos espíritos imortais! E o pior, Dr. Acir, é que nem sempre, como no seu caso, tais ferimentos irão atingir, apenas e tão somente, os participantes desse engano! Os filhos poderão vir a ser os piores prejudicados por nossa leviandade! – concluiu Rubens.

- O professor sabe que não comungamos das mesmas ideias! Para mim, só vivemos esta vida e gostaria que o bom amigo me acon-

selhasse sobre a atitude a ser tomada, pois não desejo ridiculari-
zar-me na cidade e, muito menos, envolver os nomes de Célia e de
Vanilda. – afirmou Acir.

- Concordo plenamente com o doutor em suas preocupações e só
vejo uma saída: afastar-se de Vanilda!

- Pois bem! Vou-me embora do modo mais rápido possível! – decidiu Acir.

Um mês depois desse episódio o Dr. Acir deixava a cidade, acompanhado pela família.

# NORBERTO E JUVENTINO

Possuidor de grande fortuna, herdada de antepassados alemães, Norberto dedicava-se a administrar seu pequeno jornal, "O Farol". Este dedicava quase todo seu espaço a agredir as classes elitizadas da cidade, tornando-se seu verdadeiro algoz, pois, seu proprietário, embora rico e com boa formação cultural, jamais fora aceito pela alta sociedade local que alegava serem os seus princípios muito radicais e de demérito aos costumes da época.

Homem de personalidade explosiva, alto, corpulento, abandonou a esposa em outra cidade, nunca mais buscando qualquer notícia dela. Contava, como única companhia, com Wanda, sua fiel e submissa secretária. Às vezes, recebia Osmar e Juventino.

Juventino era um célebre jornalista, de eloquência inconfundível, português de nascimento, mas brasileiro de coração! De inteligência acima da média, manipulava a opinião pública segundo a sua vontade, nunca medindo as consequências de suas crônicas dominicais, publicadas pelo jornal de Norberto. Com elas, enobrecia ou afundava, a cada semana, determinada pessoa ou família da sociedade local.

Embora se mantivesse solteiro, possuía inúmeras concubinas e com algumas delas gerara filhos que, no entanto, jamais os assumiu!

O outono, naquele ano, apresentara-se com ares de inverno! As amareladas folhas caiam em voo titubeante como delicadas borboletas, ao sabor dos ventos! Um vendaval frio, como há muito tempo não se via por aquelas paragens, obrigava Juventino a caminhar arcado, preocupado em segurar a grande cartola e o calhamaço de papeis que trazia sob o braço. Bateu firmemente à porta da pequena redação do jornal, sequioso que estava para livrar-se do incômodo vendaval.

- Bom dia, Srta. Wanda! O Sr. Norberto está?

- Oh, sim, Dr. Juventino! Ainda que tenha dado ordens explícitas para não ser molestado, com o senhor é diferente! Avisou-me que o doutor estava na cidade e irá recebê-lo com grande prazer! Suas visitas sempre lhe são agradáveis!

Ouvindo a voz do amigo, Norberto apressou-se em recebê-lo, conduzindo-o até seu luxuoso escritório.

O amplo recinto, com uns trinta metros quadrados, mostrava-se, talvez, grande demais se comparado às demais instalações. Totalmente revestido por legítimo mogno, apresentava, ao fundo, enorme escrivaninha, sobre a qual haviam belas estatuetas douradas e um luxuosíssimo porta canetas de madrepérola com detalhes arabescos em ouro puro. Ao lado direito havia enorme cofre de aço e, ao esquerdo, um belo bar, repleto de finas bebidas , em sua maioria, importadas. As poltronas, grandes e macias, eram revestidas com legítimo couro.

Os amigos sentaram-se confortavelmente e Norberto iniciou a conversação, após ter feito os cumprimentos de praxe:

- Como é bom revê-lo, caro amigo! Passo os dias ansioso pela chegada das suas brilhantes crônicas que, embora não devesse falar, por questões comerciais, vendem "O Farol" aos montes! – comentou Norberto.

- É muito bom saber! – respondeu Juventino.

- Sabe, Juventino, o segredo do sucesso está em publicarmos coisa que o povo quer saber!

Por natureza, o "povinho" coloca-se contra a elite, por julgá-la opressora, e assim, qualquer notícia de desabono à elite, causa-lhe grande interesse! Se a elite não nos dá a notícia, criamo-la nós, ora bolas! Se é verídica ou não, isso não importa, não é mesmo? O importante é que o leitor compre o jornal e acredite nele, o que nos permite levar a opinião das massas para o lado que mais nos interessar! – ponderou Norberto, após ruidosa gargalhada.

- Brilhante, Norberto! Sua astúcia causa-me medo! Não desejaria tê-lo, jamais, como inimigo!

Diante da colocação de Juventino, Norberto ria a mais não poder! Após ingerirem quatro ou cinco cálices de fino conhaque francês, Norberto abordou o assunto que começara a correr pela cidade: a mudança inesperada do Dr. Acir e a aparente tristeza da Srta. Vanilda:

- Lembra-se, Juventino, da orgulhosa enfermeira loura, do hospital do Herculano?

- Como não iria lembrar-me do maior monumento que esta cidade possui? Sei muito bem de quem o amigo fala! – completou Juventino.

- Pois muito bem! Andam correndo uns boatos, aí pela cidade, segundo os quais a guria teria algum envolvimento emocional com o Dr. Acir, o antigo chefe de cirurgia do hospital. Não poso garantir que tenham algum fundo de verdade, mas uma coisa é certa: a moça anda muito tristonha, ultimamente!

- Ela me parece muito respeitável, Norberto! – comentou Juventino.

- Isso não vem ao caso! Gostaria que você a tivesse como tema das suas próximas crônicas!

- Posso saber quais os motivos que levam o caro amigo a interessar-se tanto por ela?

- Pois eu os digo, Juventino, já que confio na discrição do amigo: assim que a conheci, recém-chegada à cidade, fiquei impressionadíssimo com aquele rostinho claro, ornamentado pelos belos olhos verdes e emoldurado pelos lindos cabelos louros! Você bem sabe que por estas bandas não se encontram mulheres louras, com muita facilidade!

- E você, não perdendo tempo, tratou de tentar conquistá-la! – concluiu Juventino.

- Ora, meu amigo, você conhece os meus dotes de Dom Juan! – afirmou Norberto, sorvendo mais um cálice de conhaque. – Acontece, meu caro Juventino, que por mais que eu tenha tentado aproximar-me dela, jamais o consegui! Wanda procurou fazer-se sua amiga, enalteceu-me o mais que pode, falou muito sobre o meu patrimônio, mas tudo em vão... Ela, em definitivo, não quer saber de mim!

- Conforme-se, caro Norberto! Sua fortuna não pode comprar tudo... – obtemperou Juventino.

- Ah, isso é que o não aceito! Já que recusou o meu amor, terá, então, a minha vingança! Vou mandar chamar o pobre Lucas aqui e, a troco de umas doses deste bom conhaque, ele vai contar tudo o que viu e o que apenas imagina! Você vai ver... E o dileto amigo aproveitará para colher todas as informações necessárias à redação da mais contundente crônica que já escrevera!

Ao concluir o pensamento, Norberto gargalhava efusivamente, deixando transparecer nos olhos, injetados pela bebida, um grande sentimento de vingança e incontido ódio!

Wanda tratou de mandar localizar Lucas e trazê-lo até o escritório, onde Juventino e Norberto continuavam bebericando, enquanto o aguardavam.

Constantemente ébrio, Lucas não possuía, também, qualquer escolaridade. No entanto, demonstrava, no falar, possuir um rico vocabulário, provavelmente adquirido em sua juventude, como um autodidata. As suas origens só eram conhecidas por ele próprio, pois sempre se recusou a falar sobre si, a quem quer que fosse. Dizia, apenas, quase não ter frequentado uma escola. Eternamente revoltado com a sociedade, divertia-se apregoando os defeitos dos cidadãos aos quatro ventos e, quando não, passava seu tempo em companhia de damas mal faladas na cidade. Encontrou, em Juventino, seu grande protetor. Vivia só e parece nunca ter-se casado.

Meio assustado, Lucas chegou e foi comodamente alojado pelo próprio Norberto em uma grande poltrona, de couro macio. Disso tudo, ele nada entendia, pois era a primeira vez que alguém o tratava bem e, em poltrona, era a primeira vez em que se sentara!

- Meu caro amigo Lucas, seja bem-vindo a este humilde recinto! – saudou-o Norberto.

O pobre coitado tremia da cabeça aos pés! Em sua mente, as ideias eram confusas e não descartava a possibilidade de estar prestes a ser submetido a um longo interrogatório, como sempre acontecia na delegacia, quando alguma galinha era furtada nas imediações! Seu espanto aumentou ainda mais quando Norberto ofereceu-lhe uma boa dose do seu caríssimo conhaque.

- Sim! Com certeza – pensava ele – a coisa era mais séria do que das outras vezes em que fora interrogado. E, possivelmente, desta vez não conseguiria safar-se com vida!

Sabe, prezado amigo, estamos aqui para uma reunião de negócios. E precisamos da sua valiosa ajuda! – informou Juventino. – Fique bem à vontade e sirva-se o quanto quiser! O povo desta cidade não sabe compreendê-lo, mas nós temos observado os seus belos discursos e resolvemos aproveitá-los, pois através deles o companheiro relata, com maestria , o comportamento dos ilustres habitantes desta cidade!

A esta altura, Lucas aparentava mais tranquilidade e o seu ego começava a crescer, pois, finalmente, a sua inteligência fora reconhecida!

Norberto e Juventino enganaram o pobre homem, alegando que estavam escrevendo a biografia do Dr. Acir, uma das únicas pessoas da cidade, respeitada por Lucas, pois grande era o seu medo de, amanhã ou depois, vir a precisar de alguma cirurgia. Se isso acontecesse – pensava ele - melhor seria ser amigo do cirurgião!

Pediram, finalmente, que contasse detalhadamente o que ele havia presenciado naquele jardim, quando Acir e Vanilda passeavam, há tempos atrás!

Como pagamento por sua colaboração, foi informado de que poderia tomar mais três cálices de conhaque!

Ao se imaginar, finalmente, importante, Lucas resolveu valorizar seu trabalho e negociar o preço, pois se era ele um homem inteligente, conforme acabara de ouvir, então exigiria o devido valor pelos seus préstimos!

Duas horas após ter chegado, Lucas deixava o escritório de Norberto. Portava meia dúzia de garrafas e um belo porta canetas!

Norberto esbravejava, com ares de verdadeiro tirano! Sentia-se ludibriado por Lucas, de quem conseguira, como única informação, o fato de Acir e Vanilda terem cruzado o jardim naquela noite, conversando, comportadamente!

Por mais que tentasse, Juventino não conseguia conter o riso, o que aumentava, ainda mais, a braveza de Norberto.

Wanda, que a tudo assistira, esforçava-se na tentativa de acalmar o chefe, por quem nutria profunda admiração e simpatia.

- Não se preocupe, Norberto! Basta-me o tema... A história eu faço! – afirmou Juventino. Criarei uma trama tão perfeita que é bem provável que a própria moça acabe acreditando nela! Você vai ver...

O interesse de Norberto por Vanilda molestava claramente Wanda que, talvez pelo longo convívio com o patrão, sentia-se mais ou menos como a tutora dele, defendendo-o, sempre, de qualquer acusação, não importando nunca com quem estivesse a razão. Embora tenha dedicado sua vida inteiramente a Norberto, desde a sua longínqua juventude, quando seu falecido pai a empregara naquele jornal, ainda adolescente, jamais conseguiu angariar qualquer sentimento de Norberto, que não fosse o de agradecimento pelos bons trabalhos prestados.

Trabalhos esses que, a bem da verdade, nem sempre foram revestidos de honestidade e justiça!

Duas semanas depois, Vanilda e Fabiana viam-se em situação constrangedora, pois "O Farol" publicara vastíssima matéria assinada por "Jota de Tal", pseudônimo de Juventino. Seu conteúdo era o envolvimento de alguns médicos, tendo os nomes omitidos, com uma "formosa enfermeira loura" que, segundo observadores anônimos, estariam maculando o bom nome do pequeno hospital, tão bem administrado, até então, pelo Dr. Herculano.

Vanilda e Fabiana eram louras, o que já era pouco comum na região e isso já despertava a curiosidade da população sobre elas. Agora, depois desse aviltante ato, ambas já não teriam condições de continuar por lá.

Na manhã da segunda-feira, assim que Herculano tomou conhecimento sobre o fato, determinou ao seu advogado que tomasse imediatas providências objetivando resguardar o bom nome e prestígio de sua casa de saúde. Resolveu, também, que enquanto não se concluíssem as apurações necessárias, Fabiana e Vanilda deveriam permanecer afastadas de suas funções. Por mais que insistissem, as enfermeiras não conseguiram fazer com que Norberto as recebesse. E muito menos, identificar o autor do vil trabalho, que assinava, apenas, "Jota de Tal".

Vanilda, considerando o fato de ter sido ela quem mais contato tinha com Acir, e fora vista em sua companhia, no estabelecimento de Osmar e depois no jardim, pelo Lucas, ainda que nada houvesse ocorrido além de uma fraterna conversação, decidiu tomar para si a acusação e, no mesmo dia, demitiu-se do hospital.

Fabiana, percebendo a intenção de Vanilda, que não era outra se não a de não permitir que a amiga também fosse prejudicada, hipotecando solidariedade, também abandonou o emprego, que tanto apreciava.

Ambas poderiam, perfeitamente, deixar a cidade e buscar trabalho em qualquer outra localidade. Profissionais competentes como eram, não teriam qualquer dificuldade. Mas resolveram permanecer na cidade até que a acusação fosse desmentida e punidos os responsáveis.

# MOACIR E AS ENFERMEIRAS

Apesar da sua invejável calma, Moacir revoltou-se profundamente com o degradante ato praticado por Norberto e Juventino. Tão logo foi informado sobre o pedido de demissão das moças, mandou Adair convidá-las para passar uns dias em sua fazenda, até que os ânimos se acalmassem. Um tanto relutantes, acabaram por aceitar o gentil convite e, na manhã seguinte, já estavam a caminho da bela "Recanto da Paz"!

Jovem culta, de arraigados princípios religiosos baseados em rígida disciplina da religião Católica Apostólica Romana, Adair não questionava, jamais, os dogmas emanados do Vaticano, por mais contundentes que fossem aos olhos do esposo, Moacir. Pecava, talvez, pelo excesso de vaidade!

O trole deslizava, macio, pela bem cuidada estrada que ladeava o imenso lago natural, de águas límpidas e cristalinas. Terminava num grande pórtico, construído com grandes blocos de granito cinza, ligeiramente encobertos por formosas primaveras. Uma longa cerca de madeira, toda branca, separava a estrada, em seu lado direito, de imenso campo verdejante, onde dezenas de animais de puro-sangue Manga Larga pastavam, tranquilamente. Moacir gostava demais da sua fazenda e esmerava-se em cuidados para mantê-la sempre bem conservada, limpa e agradável! Sua felicidade, ali, só não era completa porque Adair jamais apreciou a vida no campo. Embora estivessem a cerca de dez quilômetros da cidade, constantemente manifestava seu desejo de mudar-se para o centro urbano.

Oriunda de família de muitas posses, Adair não tivera a oportunidade de resolver seus próprios problemas, se é que os tivera, pois os pais jamais permitiram que qualquer aborrecimento a afligisse e sempre se desdobraram em dedicação à filha única! Talvez, até lhe dispensando excesso de mimo...

Adair nunca estivera totalmente preparada para a vida adulta e, de certa forma, exigia do esposo uma dedicação diuturna, mas nunca demonstrando plena satisfação com as atenções que ele lhe dispensava, ainda que, intimamente, muitas vezes ficasse feliz.

Gostava de Moacir, pois via nele um homem honesto e honrado, só não sendo o esposo perfeito devido a não comungar com ela dos mesmos princípios religiosos. Moacir nunca se importou muito com alguns dogmas da igreja que a esposa frequentava e sempre embasou seus princípios de vida nas leis do bom-senso e da caridade, nunca se importando em saber se a pessoa necessitada pertencia a esta ou àquela religião! Apesar dessas divergências, o casal vivia relativamente bem...

O trole parou em frente a enorme casa sede da fazenda e o cocheiro, gentilmente, ajudou as damas a apearem. Conduziu-as à enorme sala, cujo ambiente abrigava grande número de cadeiras almofadadas, revestidas por brilhante tecido semelhante à seda, uma enorme mesa de jantar, totalmente confeccionada em puro jacarandá da Bahia e a bela cristaleira que exibia requintadas peças importadas da França e de países asiáticos. Bem ao fundo, formando um semicírculo em frente à lareira, uma série de pequenas poltronas de couro rústico aguardavam, com certeza, a plateia para algum pianista que desejasse dedilhar o marfim do nobre piano inglês que se achava logo ao lado!

Embora desprovido de luxo, o ambiente guardava requintes de bom gosto e sobriedade.

- Oh! Que lugar aprazível! – comentou Fabiana.

- Aprazível e muito bonito! – completou Vanilda.

- Muito agradecemos, gentis senhoritas! – agradeceu Moacir, que havia chegado sem que as moças tivessem percebido.

- Sejam muito bem-vindas e façam desta fazendola a continuação dos seus lares! Ainda que não possamos oferecer-lhes o conforto que, com certeza, dispõem na cidade, teremos grande prazer em tê-las conosco e, desejamos, livres de cerimônias! – completou Adair, vindo da cozinha.

- Que maravilha de piano! – comentou Vanilda, aproximando-se do instrumento.
- Gostaria de experimentá-lo? – indagou Moacir. –Soubemos, por informação do Prof. Rubens, que a senhorita é excelente pianista! Honre-nos, pois, com seus dotes artísticos, enquanto aguardamos o café.
- O senhor me encabula, com tanta gentileza, mas confesso não resistir à tentação de ouvir o som deste belo instrumento! – dizendo isso, Vanilda acomodou-se na graciosa banqueta e, após experimentar algumas notas, brindou os presentes com divina melodia, executada magistralmente!

Depois de sinceros aplausos, Constância, a gorda senhora que insistia em dizer-se escrava, ainda que Adair e Moacir a desmentissem com carinhosos abraços, convidou-os a passar à sala ao lado, pois o café estava servido.

O gostoso aroma do café forte levou, por uns instantes, Fabiana de volta às terras paranaenses, onde fora criada, numa fazenda de café. Seus pais orgulhavam-se por seus profundos conhecimentos a respeito da planta e faziam questão de os transmitir à Fabiana.

Terminado o farto café da manhã, acompanhado por vários tipos de bolos e queijos, além da saborosa broa de milho, que era a especialidade de Constância, Moacir convidou as moças para um pequeno passeio pela fazenda, a bordo do seu bonito trole.

A topografia era um pouco acidentada, o que dificultava o aproveitamento das terras para a agricultura; daí o fato de Moacir preferir dedicar-se à criação de cavalos. – explicou Adair.

Enquanto percorriam os estreitos, mas bem cuidados caminhos, Fabiana e Vanilda notaram que o número de servidores era bem pequeno. Estes, invariavelmente, as cumprimentavam e aos anfitriões, com largos sorrisos afetuosos! Fabiana comentou sua observação e recebeu, de Adair, a explicação de que aqueles homens e mulheres não estavam a prestar serviço escravo. Gozavam de liberdade, já de longa data, mas preferiam continuar na fazenda, onde eram tratados dignamente, mesmo antes de Moacir terlhes alforriado. Sabiam, também, que se dali partissem, certamente seriam novamente tomados como escravos, não obstante possuíssem a Carta de Alforria que, infelizmente, não era muito respeitada, antes da Lei Áurea. Moacir já alimentava ideias abolicionistas, o que lhe acarretava, frequentemente, aborrecimentos causados pelas censuras de outros fazendeiros.

Era comum – explicou Adair – o fato de Moacir vender valiosos exemplares de sua criação de cavalos para adquirir escravos, apenas para libertá-los! Às vezes, chegava mesmo a vender lotes de sua fazenda para libertar muitos, ao mesmo tempo. Isto o colocava na condição de pessoa perniciosa à sociedade da época e, muitas vezes, agravava a situação financeira do casal, que há tempos já não vinha muito bem.

Vanilda e Fabiana muito se emocionaram com tamanha abnegação! Retornaram à sede por volta do meio dia.

# AS AULAS DE DEOLINDA

Deolinda, esposa de Osmar, era moça habituada a vida em grandes centros e enfastiava-se com a vida na pacata cidade. Para passar seu tempo, dedicava-se à confecção de objetos artesanais, bonitos, na verdade, mas que sempre acabavam empilhados no amplo sótão da sua residência. Por mais que se esforçasse por atrair amigos as suas festas, não contava com a simpatia sincera da maioria deles. Frequentemente acabava por ingerir mais licores e vinhos do que a prudência recomendava. Nessas situações, perdia o controle emocional, encerrando suas reuniões com escandalosas discussões!

Desejando ter alguém ao seu lado, mais para falar do que para ouvir, tomava aulas de piano com o Prof. Rubens que, embora não a suportasse, necessitava da remuneração para manter a sua pequena chácara e ajudar no custeio de algumas escolas rurais.

Rubens e Deolinda sabiam, intimamente, que jamais essas aulas surtiriam algum resultado positivo, visto que Deolinda não possuía o menos talento para a música. Também, não se importava nem um pouco com isso!

Naquela manhã, Deolinda resolveu eleger as enfermeiras para o tema dos seus comentários maldosos:

- O senhor soube, professor, que as sirigaitas estão hospedadas na fazenda do Moacir? – indagou Deolinda.

- Não sei de quem a senhora está falando, dona Deolinda! –respondeu, secamente, Rubens.

- Ora, Prof. Rubens... Quem são as sirigaitas, se não as desmioladas enfermeiras? Pois o irresponsável do Moacir já as levou para casa! Não sei qual é o interesse dele... Mas, coisa boa não há de ser! – concluiu Deolinda, com malicioso sorriso.

- Dona Deolinda! Não desejo comentar sobre isso pois, certamente, nossas opiniões seriam completamente divergentes! A senhora bem sabe que não profiro e nem aprecio comentários insensatos! Terminemos a aula, por hoje, pois tenho algo importante a resolver.

Dizendo isso, Rubens encerrou repentinamente a aula e despediu-se apressadamente da aluna que mostrava evidente descontentamento pela falta de interesse do professor, pelos seus comentários.

Rubens estava, há muito tempo, amadurecendo a ideia de fazer uma viagem à Europa. Mais precisamente, à Paris, onde seria realizado um congresso de pesquisadores da existência de vida após a morte do corpo físico. Assunto este que começava a tomar vulto por lá. Principalmente na França e na Inglaterra. E ele se interessava demais por esse tema!

Preocupado com a situação de Vanilda, já que sabia o quanto ela representava para o seu grande amigo Acir, naquela mesma noite resolveu visitá-la na "Recanto da Paz", ocasião em que aproveitou para convidar a moça a substituí-lo em suas aulas de música e de alfabetização. Dessa forma, estaria colaborando com ela que, provavelmente, teria uma distração e, ao mesmo tempo, resolveria o seu problema, que era o de não deixar os alunos sem aula. Capacidade para a tarefa ele sabia que ela tinha, de sobra!

Não foi muito fácil fazê-la aceitar o convite mas, finalmente, Vanilda acabou cedendo.

Fabiana continuaria na fazenda, auxiliando Adair a criar um processo de industrializar diversos tipos de compotas e comercializá-los posteriormente. Vanilda retornaria à cidade e por lá permaneceria até que as coisas entrassem novamente nos eixos.

- Sabe, Vanilda, a cidade toda estranhou a sua inexplicada ausência – comentou Deolinda na sua primeira aula com ela. – Esta cidade ainda é pequena e o povo não está acostumado com certos procedimentos, comuns nos grandes centros urbanos europeus! É claro que eu não acredito, mas comenta-se, por aí, que você teria um caso amoroso com o dr. Acir!

As faces de Vanilda enrubeceram-se subitamente! Não de vergonha, já que nada devia, mas de grande ira que quase a levou a explodir!

- Ainda bem que você não acredita, Deolinda! – respondeu Vanilda.

- Ah! Mas, aqui entre nós... Pode confiar, pois desta boca nada sairá! Diga, vocês tiveram, mesmo, um romance? – indagou Deolinda, com os olhos brilhantes de curiosa maldade.

Vanilda, que a esta altura já se sentia com a reputação arranhada, pensou durante longos minutos antes de responder à capciosa indagação . Mas, ponderou, se todos já estavam fazendo afirmações inverídicas contra ela e Acir, se a situação já estava tão ruim para ela e Fabiana, de que adiantaria sair por aí desculpando-se perante pessoas que não a respeitaram? Ainda mais, sabendo que a voz do famigerado "Jota de Tal" sempre falaria mais alto para aquela mesquinha sociedade ...

- Cara Deolinda, sei que você é a pessoa mais discreta da cidade e, portanto, digna da minha confiança... Vou lhe confessar um segredo: amo, desesperadamente, o Dr. Acir! Entre nós sempre existiu uma grande e sincera amizade, desprovida de quaisquer atos ou insinuações pelos quais pudéssemos nos envergonhar! Sinto, no entanto, ter perdido tanto tempo! Acir e Célia nunca foram felizes. Ainda que se respeitem e mantenham as aparências... Pergunto-me agora: será que este insignificante povinho merece o sacrifício de três pessoas, que poderiam ser felizes, não fosse a preocupação em manter as aparências? Não, minha cara, definitivamente, não! Assumo, à partir de hoje, meu grande amor platônico! Quanto a Fabiana, espero que a deixem em paz... Ela já sofreu bastante!

Após o desabafo, Vanilda respirou, aliviada, sentindo a sensação de que acabara de tirar um grande peso da sua consciência e tendo a certeza de que a decisão fora bem tomada, pois, à partir daí, poderia olhar os cidadãos bem nos olhos...

À partir desse dia, Vanilda voltou a circular, altiva, por todos os lugares onde costumava passear antes do infeliz incidente. Aos poucos, os cidadãos foram perdendo o interesse por ela e, alguns meses depois, tudo voltara ao normal em sua vida... A não ser pelo fato de ter abandonado a profissão de que tanto gostava: a enfermagem!

# O RETORNO DE RUBENS

Rubens chegara da Europa e se surpreendera com o progresso dos seus alunos de piano que encontraram em Vanilda uma grande mestra. Mais empolgado do que nunca com o que vira e aprendera a respeito da continuidade da vida após a morte do corpo físico, decidiu transferir à Vanilda a incumbência de continuar com as aulas de piano. Assim, ele disporia de mais tempo para se dedicar às pesquisas ,nesse campo. Os honorários de mestre escolar, somados às remunerações auferidas em um ou outro concerto musical, bastavam-lhe para suprir as necessidades da vida modesta que decidira levar. O que mais lhe importava agora

eram as coisas do espírito, pois se convencera de vez que os bens materiais não tinham valor algum perante a Vida Maior, que acabara de descobrir! Assim como o corpo carnal, pensava ele, haveria dia em que toda a matéria ao pó retornaria, pois dele fora emanada, sobrevivendo, ao final da jornada neste plano físico, apenas os efeitos das obras, boas e também das ruins ,que o homem executasse! Seu espírito retornaria ao Plano Superior, de onde viera e lá a sua própria consciência perguntaria:

- O que fizestes com o tempo que Deus te concedeu para passar na Terra? Se executastes boas obras, cumpristes com tua obrigação perante teu semelhante e perante Deus! Pode, então, seguir em frente, no longo caminho da tua evolução, para que alcances, um dia, a glória de viver mais próximo ao Pai Celeste. Se executastes más obras, volta ao plano de onde viestes, repara os teus erros, pois, assim como o mau aluno, não mereces, ainda, a aprovação nesta fase da tua vida! Com essa teoria, certamente Rubens teria muitos problemas com a sociedade que ainda se mantinha arraigada a antiquíssimos conceitos religiosos, pregados, principalmente por um Velho Testamento, vítima de enganos e mais enganos, à medida em que fora sofrendo traduções e aviltado, muitas vezes, por pessoas que dirigiam os povos, amoldando os seus ensinamentos segundo as suas conveniências!

Rubens fora alertado, em Paris, sobre todos esses problemas, mas decidira seguir em frente!

Poucos meses se passaram para que Rubens, cada vez mais convicto de seus ideais, conseguisse reunir um peque no grupo de adeptos à suas ideias e começasse a prover reuniões em sua pequena chácara. Sempre vigiada, ainda que à distância, pelos ouvidos atentos do velho padre Haroldo, pároco da igreja matriz da cidade, que já mostrava alguma preocupação com o crescimento do movimento iniciado e que, em muitos pontos, entrava em choque com a sua doutrina. Vanilda, por sua vez, não tinha qualquer interesse pela filosofia de Rubens que, sempre que possível, procurava convencê-la a participar das suas palestras. Entretanto, a única meta da moça era aperfeiçoar-se na música, possivelmente como um passatempo para esquecer antigos problemas. Porém, a lembrança de Acir continuava em seus pensamento e sua imagem deixara imagem indelével em sua memória e, alternando dias de alegria com outros de grande depressão, continuava a rotina da vida...

Certa noite, enquanto observava a bruxuleante chama do candeeiro pendurado ao poste, bem em frente a sua janela, perdida em pensamentos, não deu conta da figura graciosa de Fabiana que se aproximou com radiante sorriso, cumprimentando-a alegremente:

- Muito boa noite, minha dileta amiga! Que belos pensamentos ocupam essa cabecinha, que a impediram de ver-me chegar?

- Oh! Que surpresa agradável! – respondeu Vanilda – Que bons ventos a trazem?

- Menina, tenho grandes notícias! – afirmou, alegremente, Fabiana.

- Pois então entre e apresse-se em contá-las! Pelo brilho dos seus olhos, calculo que serão ótimas! – brincou Vanilda.

Enquanto sorviam o delicioso chá de cacau, carinhosamente preparado por Vanilda com as cascas desidratadas do fruto, Fabiana contou que havia sido chamada pelo Dr. Herculano e ele a convidara, insistentemente, a reassumir as suas funções no hospital. A demanda de serviços era muito grande. A população aumentava, a cada dia mais, e era chegada a hora de reforçar a equipe de profissionais. E para isso, já havia, também, convidado o Dr. Acir a voltar e a reassumir o seu posto!

A notícia causou um choque tão grande em Vanilda a ponto de Fabiana assustar-se com a palidez da amiga! Sua face, pálida como um lírio, despojou-se de qualquer linha de expressão.

As mãos, trêmulas como trigais ao vento, quase não seguravam a bela chávena de chá inglesa que tilintava ruidosamente contra o pires, quase entornando a bebida sobre o seu alvo vestido de seda rendada!

- Vanilda... Vanilda! – chamava Fabiana, com voz titubeante de tanto susto.

Recobrando-se, lentamente, do impacto causado por tão inesperada notícia, Vanilda, finalmente, perguntou:

- E ele vem?

- Oh, sim! Já está confirmado. – informou Fabiana.

- Mas tem mais, minha cara amiga: o Dr. Herculano disse-me estar muito envergonhado com a atitude tomada por ele, por ocasião do nosso afastamento e, não fosse o seu receio em ser mal recebido, teria vindo pessoalmente fazer-lhe o convite para também retornar! Disse que está plenamente convencido de que nenhuma veracidade havia nas acusações feitas pelo "pasquim" do Norberto.

- É muito bom saber, Fabiana, que a verdade sobrepujou à mentira... Mas não pretendo, jamais, voltar a trabalhar nesse hospital! – afirmou Vanilda, não conseguindo esconder as pequenas lágrimas que, como lívidas gotas de orvalho, umedeciam-lhe os belos olhos verdes!

Não! Ela não voltaria à casa de onde fora, tão aviltantemente, convidada a se afastar! Embora sentisse falta do exercício da sua pro-

UMA VIDA SÓ NÃO BASTA!

fissão, sua altivez falava mais alto!

Fabiana pernoitou na residência de Vanilda e as amigas aproveitaram a ocasião para colocar os assuntos em dia, confabulando até avançadas horas da madrugada...

# A GRANDE RECEPÇÃO

Grande era o tumulto na ampla cozinha, onde Constância, impertinente, apressava as atrapalhadas moças que a ajudavam no preparo de apetitosos quitutes, que ela fazia como ninguém, temperados com aromáticas ervas de origens no além-mar... Croquetes de carne, bolinhos de queijo empanados, cuscuz de farinha de milho decorados com palmitos e camarões secos, além da sua maior especialidade: o apetitoso leitão à pururuca!

Serviçais trabalhavam alegremente, pois, nas festas de Moacir, todos se divertiam, não havendo qualquer distinção entre convidados e colaboradores. Fato, este, que à vezes era visto pelas elites da cidade como ato acintoso, por parte de Moacir, as suas ilustres pessoas!

- Lá vem o trole! – gritou Ananias, o velho capataz.

Todos correram até a porteira branca onde o estimado Dr. Acir apearia... Com os olhos ávidos por revê-lo, Vanilda constatou que o médico viera só, desacompanhado da esposa e das filhas.

Após os demorados cumprimentos de todos, Acir aproximou-se de Vanilda e Fabiana que, recatadas moças, mantinham-se a pequena distância.

- Como vai, minha cara enfermeira? – dirigiu-se Acir à Fabiana.
– Nos maiores hospitais não encontrei parceiras competentes como a senhorita!

- A gentileza sempre foi sua característica, Dr. Acir... Seja bem-vindo! – respondeu Fabiana.

Ao se dirigir à Vanilda, Acir titubeou por um instante... Olhou demoradamente no fundo dos seus olhos e disse, finalmente:

- Aos seus pés deponho minhas armas..! Eis-me aqui, para ficar!

Você está linda!

A moça corou repentinamente e, procurando disfarçar a grande emoção, agradeceu, gaguejante:

- Obrigada, Dr. Acir, mas seus olhos o traem... Vejo, no entanto, que o seu humor está ótimo!

- Oh, amável companheira! O humor não tem estado muito bom mas os olhos, lhe garanto, de causar inveja ao lince, ofuscam-se diante de tão radiante formosura!

Um tanto surpresos com as declarações de Acir e em meio a grande alegria pelo retorno do amigo, os convidados ocuparam a enorme mesa de jacarandá, onde admirável banquete os esperava...

- E a família, como está? – inquiriu Rubens.

Ao ouvir a indagação, Vanilda quase não conseguiu esconder a curiosidade pela resposta do médico.

- Há tempos que não a vejo – respondeu Acir – pois que nos separamos já de longa data e Célia mudou-se para Maceió, em companhia das meninas. As coisas não caminhavam bem entre nós e, para não mais sofrerem os quatro, houvemos por bem separar nossos caminhos.

Tenho escrito regularmente, pois as meninas me preocupam... Mas Célia não se digna a responder, por mais que eu insista!

- Lamento muito, meu caro Acir... Tivesse eu sabido do ocorrido, não teria, agora, ventilado assunto tão desagradável... Aceite meu pedido de desculpas! – justificou-se Rubens, constrangido.

- Ora, meu caro Rubens... A vida é feita de coisas boas e ruins! Sua alternância constitui o tempero, que nô-la torna mais agradável!

Veja o amigo que, neste momento, estamos a aproveitar o que de melhor ela nos pode oferecer: o reencontro de pessoas que se estimam, se admiram, se respeitam e tudo sem o menor interesse material como, infelizmente, existem em certos laços formais da sociedade! – ponderou Acir.

O almoço transcorreu alegremente. O enorme relógio da copa já soava as quinze badaladas quando os amigos deixaram a mesa para ingerir o gostoso licor, servido na sala de visitas.

Acir foi alojado no aconchegante quarto de hóspedes. Ao primeiro canto do insone galo do terreiro, dirigiu-se à cozinha onde, sabia, Constância já estaria esperando os moradores com o aromático café forte, reforçado com broa de milho e queijo fresco.

Bem cedo, logo após o café da manhã, dirigiu-se ao hospital.

Já no escritório de Herculano, após ouvir o longo e enfadonho pedido de desculpas do diretor pelo que fizera com as enfermeiras, o que também comprometera o conceito do médico, Acir, que reprovara convictamente a atitude de Herculano, foi informado por ele sobre a recusa de Vanilda em retornar às suas funções e que contaria com os préstimos de Fabiana em sua equipe.

A princípio, Acir preferiria Vanilda em sua companhia, mas, após melhor reflexão, concluiu que, de fato, seria melhor tê-la à distância. Tinha, para ela, outros planos e não seria aconselhável dar motivos para novos comentários pejorativos, principalmente por parte de Norberto e do "Jota de Tal". Com certeza ele não os iria tolerar e tomaria atitudes pouco cavalheirescas ao menor dos comentários que, porventura, mencionassem o seu nome ou, principalmente, o de Vanilda.

Nesse mesmo dia Acir começou a trabalhar.

Os dias foram passando e, cada vez mais, Fabiana mostrava-se, além de excelente auxiliar, também dedicada amiga. Sempre disposta a levar um ramalhete de flores ou um bilhetinho que ele mandava, secretamente, à Vanilda. Fabiana os levava com sacerdotal discrição, o que acabava por encorajá-lo ainda mais. Vanilda, embora os recebendo com grande alegria, jamais enviava qualquer resposta, o que, estranhamente, mais motivava Acir a cortejá-la.

Ele sabia que se Vanilda não correspondia, era por absoluto recato, já que Fabiana comentava com ele sobre o contentamento da amiga, ao recebê-los!

# OSMAR E JUVENTINO

A cada dia complicava-se mais a situação financeira de Moacir. Pelo desprezo às negociações comerciais, aliada à grande solidariedade que dispensava aos menos favorecidos pela sorte, via-se cada vez mais devedor a Osmar, com que contraíra novas dívidas após Acir ter saldado a primeira dela junto ao ganancioso comerciante e agiota. E Osmar não perdia a oportunidade de taxar seus devedores com juros exorbitantes!

A mão de obra escrava, de longa data, Moacir já dispensara e, embora contasse com a plena colaboração dos seus servidores, remunerados, colocara a "Recanto da Paz" em difícil situação, pois sua folha de pagamentos estava muito alta, se comparada com as rendas auferidas.

Homem de boa fé, frequentemente era induzido pelo próprio Osmar a envolver-se em empreendimentos mirabolantes que, invariavelmente, terminavam em grandes prejuízos e enormes dívidas com o agiota.

Não suportando mais a difícil situação, Adair decidiu mudar-se para cidade mais próspera, como se essa decisão pudesse oferecer-lhe vida mais tranquila e segura, financeiramente. No entanto, de nada adiantou sua mudança, pois ela não possuía recursos financeiros e nem era preparada para iniciar ou dirigir qualquer tipo de negócio. Pelo contrário, sua atitude só viria a prejudicar o já arranhado relacionamento do casal, que agora achava-se separado. Acreditavam, no entanto, que a separação seria temporária, pois haveriam de encontrar uma solução para os seus problemas.

Certa feita, Osmar convenceu Moacir a dedicar-se à cultura da cana-de-açúcar que, segundo ele, estava apresentando excelentes resultados, inclusive no nordeste brasileiro, onde as condições climáticas eram desfavoráveis à qualquer cultura, pela conhecida falta de chuvas.

Osmar compraria toda a produção da fazenda para fornecê-la aos engenhos produtores de açúcar e aguardentes. Já desnorteado, Moacir vendeu os seus últimos exemplares de cavalos "manga larga" e injetou todo o dinheiro na cultura.

Dada a topografia muito acidentada e à pobreza do solo, onde grande era a quantidade de irremovíveis rochas, não tardou a estar a fazenda hipotecada à Osmar!

Juventino, ainda que não residisse naquela cidade, percebeu os atos de má fé de Osmar e, embora não dispensando qualquer afeição aos habitantes da região, compadeceu-se de Moacir! Talvez, até para envolver-se num jogo de inteligência, pois não hesitava em demonstrar a sua superioridade intelectual, o que lhe causava muito orgulho! Assim, decidiu aliar-se a Moacir objetivando não permitir que o pobre homem perdesse a sua estimada fazenda e, muito mais, para ter a oportunidade de atacar Osmar, de quem não gostava nada!

Ao mesmo tempo – pensou Juventino – poderia livrar-se do Norberto, tendo outro negócio para dedicar-se, já que este, ultimamente, começara a tratá-lo como a um subalterno e, com a personalidade que possuía, ele jamais trabalharia sob as ordens de quem quer que fosse!

Sempre bem-humorado mas também portador de forte personalidade, Juventino vangloriava-se de jamais, em toda a sua vida, ter cumprido uma ordem sequer! Sempre fez o que bem entendeu, nunca se importando com as opiniões alheias...

Decidido a mudar a situação de Moacir, procurou-o e foi de rude franqueza:

- Bom dia, meu caro cavalheiro! – cumprimentou-o ao encontrá-lo bebericando com Rubens num armazém próximo à redação do jornal de Norberto, "O Farol". - Perdoe-me ir diretamente ao assunto que devo tratar com o senhor, mas o amigo há de convir de que um homem da minha envergadura não tem tempo a perder com meras formalidades! Tomei ciência da delicada situação em que o cavalheiro se encontra e decidi intervir! Dar-lhe-ei uma única oportunidade de contar com os meus préstimos, gratuitos, por esta única vez!

- Obrigado pela distinção, Dr. Juventino, mas não vejo como poderá ajudar-me... Meus maiores problemas são os financeiros e, empréstimo creio que o cavalheiro não estará me ofertando! Portanto, resta-me apenas agradecer pelo interesse demonstrado. – agradeceu Moacir.

- Certamente não estou oferecendo dinheiro, caro amigo! – disse Juventino, com um sorriso irônico. – Ofertar-lhe-ei muito mais do que isso... Colocarei meu cérebro à seu serviço... E isso, certamente, nenhum cidadão desta cidade poderia, jamais, pagar! – completou, com ares de grande superioridade.

- Não acredito que me bastará para a solução dos meus problemas... – comentou Moacir.

Não se interessando pelo comentário de Moacir, continuou Juventino:

- A primeira regra do meu jogo, Sr. Moacir, é a de que o cavalheiro não deverá achar ou deixar de achar nada... Deverá, apenas, confiar em mim! – disse Juventino, arrogantemente, como lhe era peculiar.

- Gostaria que esse jogo ,a que o senhor se refere, fosse mais claro! Pediu, Moacir, surpreso com tanta empáfia por parte do seu interlocutor.

- É o seguinte, Sr. Moacir, com a minha influência no governo desta pobre nação, eu não teria dificuldade em canalizar a confecção de todos os impressos oficiais para a sua gráfica... Se o senhor tivesse uma, é óbvio! E haja vista que os nossos governantes utilizam toneladas de impressos, com a sua atravancada burocracia administrativa!

Sem nada entender, Moacir ouvia, calado. Continuou Juventino:

- Eu poderia ajudar o caro amigo a adquirir as máquinas necessárias, usadas, para começar. Além da confecção dos impressos, que já lhe garanto, o cavalheiro poderá contar com os meus préstimos jornalísticos na edição de um periódico que, em breve tempo, irá absorver todos os leitores do jornal do Norberto, "O

Farol"! Aproveite as reservas que lhe restam, pois é a sua última chance! – completou, pedante.

No desespero pela situação em que se achava, Moacir interessou-se pela proposta, ainda que tenha sido lhe apresentada de maneira tão arrogante. Era uma pena – pensou – que tenha vindo de pessoa tão antipática!

Após as despedidas de Juventino, Moacir e Rubens ficaram horas e horas confabulando e, finalmente, chegaram à conclusão de que seria conveniente aceitá-la. Não pelo jornal, que Juventino se propora a fundar, mas sim pelos trabalhos que seriam realizados para os órgãos oficiais, como garantira o conhecido jornalista. Eles sabiam que Juventino não mentira quando mencionara a sua influência no governo. Ainda que essa influência realmente existisse, não era por amizade, mas sim, pelo medo das contundentes crônicas assinadas pelo famoso escritor e jornalista.

Na manhã seguinte, conforme havia sido combinado, Moacir procurou por Juventino na hospedaria em que normalmente ele se alojava e trataram de todos os detalhes.

# "O HOLOFOTE"

Dois meses após Juventino ter lançado a ideia, era inaugurado "O Holofote", nome escolhido por ele mesmo objetivando provocar a ira de Norberto, já que o jornal dele chamava-se "O Farol ".

Compareceram à festa de inauguração os mais ilustres nomes da alta sociedade. Juventino queria que, desde o início, o novo periódico se tornasse um pesadelo para Norberto que, tão repentinamente tornara-se alvo de sua antipatia! Norberto sabia bem que, sem a participação do sarcástico jornalista, a circulação do seu jornal tenderia a cair sensivelmente.

Aparentemente, os ex amigos se desentenderam por dois motivos: um deles, pelo fato de Norberto começar a ditar normas à Juventino, que jamais aceitara qualquer sugestão na elaboração dos seus trabalhos. O outro, por disputarem as atenções de uma mesma dama, de conduta questionável.

Em sua primeira edição, "O Holofote" trazia a seguinte manchete: "Parabéns, cidadãos! Finalmente vocês ganharam um jornal! "A longa crônica assinada por Juventino enaltecia a cidade e valorizava a inteligência dos seus habitantes, procurando angariar a simpatia dos leitores para o novo periódico. Toda ele, porém, referia-se ao evento da inauguração como se fora o único jornal da cidade e, como se antes da sua inauguração, jamais tivesse existido outro naquela região. Ao contrário do que Norberto esperava, em ponto algum Juventino mencionara "O Farol", provocando, com o descaso, maior ira em seu proprietário! Norberto esperava que, mesmo de forma depreciativa, seu jornal fosse mencionado, em algum momento, por Juventino! Além disso, também concitava os leitores a unirem-se em cooperativas financeiras e a evitarem tomar empréstimos de agiotas, também ferindo, assim, os interesses do Osmar!

Hábil como era no manejo da opinião pública, não tardou para que a nova publicação conquistasse a simpatia popular, enquanto "O Farol" entrava em decadência...

Administrando os bens de Moacir e conseguindo a colaboração de Rubens nessa empreitada, em pouco tempo o casal, Adair e Moacir, voltava a viver junto, livre de qualquer problema financeiro. A mais nobre classe social da cidade, vendo a aliança existente entre Moacir e Juventino, procurava facilitar tudo o que pudesse, para Moacir, visando gozar da simpatia e da influência de Juventino. Ainda que essa aliança tenha perdurado por muito tempo, não tardou para que Juventino voltasse a tecer seus comentários desabonadores às pessoas mais evidentes da cidade. Principalmente a Norberto e a Osmar que nele tinham um verdadeiro algoz!

# O DISCURSO DE LUCAS

Numa bela tarde de verão, quando Acir e Fabiana deixavam o hospital, ao final do expediente, encontraram o pobre Lucas refazendo-se de homérica bebedeira, na sala de observação. Ao ver o casal, a quem muito respeitava pelo fato de temer ter de passar por alguma cirurgia, amanhã ou depois, resolveu fazer um dos seus célebres discursos, só que, desta vez não difamatório mas sim, procurando agradar o médico e sua enfermeira:

" Ilustríssimo Dr. Acir, Excelentíssima senhorita Fabiana, a emoção embarga-me a voz ao proferir estas singelas palavras de agradecimento à tão distinto casal, pela abnegação demonstrada ao retornar a este hospital, com o objetivo único de salvar vidas...

Ainda que este povo não mereça a sua atenção, pelo fato de comentar que

o ilustríssimo  doutor tem um caso secreto com a outra enfermeira e que  a Srta. Fabiana morra de ciúmes por isso, mesmo assim ambos voltaram! Ainda que  o  desaforado do Sr. Norberto viva dizendo que vai roubar a sua amante, o Dr. Acir, benevolente, cura os cidadãos desta mísera cidade, que não merece tanta competência!"

Rapidamente um funcionário do nosocômio  fê-lo calar-se mas, ao ouvir tamanho disparate, Acir e Fabiana tiveram o ímpeto de ofendê-lo. Entretanto, logo recobraram o controle emocional e entenderam que o coitado do ébrio desejava, apenas, estar bem com eles!

Ao percorrer os dois quilômetros que separavam o hospital da casa onde residiam  Fabiana e Vanilda, o casal foi conversando sobre vários assuntos. Evitando, talvez propositalmente, o desagradável mal-estar causado pelo "discurso" de Lucas. Quase sem perceber, já estavam diante o portão de entrada da residência das moças.

Vanilda, também recém-chegada de mais uma das suas aulas, convidou Acir a aguardar por um refresco de tamarindo que ela já estava preparando. Além de saber da sua preferência por esse sabor, via-se frente a oportunidade de tê-lo por perto! O convite foi aceito, sem a menor relutância, pois Acir conhecia muito bem os hábitos da sua querida musa e não lhe era comum esse tipo de atitude. Pelo contrário, Vanilda evitava a sua presença, que sempre a deixava muito inibida, desde que Acir retornara à cidade.

Como vinha acontecendo nos últimos tempos, diante da presença do médico, os reluzentes copos de cristal lapidado bimbalhavam ruidosamente, uns contra os outros, na pequena bandeja de alpaca, segura pelas graciosas mãos de Vanilda, que ostentavam longas unhas esmeradamente esmaltadas. Enquanto degustavam a exótica bebida, Acir comentou que aquele sabor o fazia lembrar do saudoso sítio, onde passara a sua infância. Nele havia um enorme tamarindeiro, à beira de um pequeno riacho e a sua sombra servia de abrigo às suas infantis traquinagens! Ele daria tudo – comentou – para poder voltar à longínqua infância, por um só instante que fosse...

- Ora, Dr. Acir! Por aqui também temos um belo tamarindeiro... – informou Fabiana.

- É verdade! – completou Vanilda – Fica próximo à chácara do Prof. Rubens, num local muito bonito!

Imediatamente Fabiana sugeriu que fizessem um piquenique, no domingo, à sombra da bela árvore. Era sexta-feira e teriam ainda o sábado pela frente, para preparar os comes e bebes. Para a grande surpresa de Acir, Vanilda aprovou a ideia, mostrando até grande animação com ela.

O dia seguinte arrastava-se pesadamente para Acir que, de dez em dez minutos consultava o seu bonito relógio de bolso. Como se isso pudesse apressar a dança dos ponteiros, levando o dia a terminar precocemente, deixando-o a poucas horas da tão esperada oportunidade de passar, novamente, um dia todo ao lado de Vanilda, como nos tempos em que ela ainda trabalhava no hospital. Embora já tivesse passado tantos dias ao lado da moça, desta vez seria diferente! Em seu peito explodira enorme paixão por ela... E agora via a possibilidade de nutrir esse amor, uma vez que se encontrava separado de Célia.

Naquela noite Vanilda não dormiu. A ansiedade era tanta que a moça não foi capaz de adormecer por um instante sequer! Preocupava-se com a roupa que deveria usar, com a possibilidade de inesperada chuva e, até mesmo, com o que deveria falar! Nessa expectativa o Sol raiou, esplêndido, na manhã de domingo!

Faltando alguns minutos para as sete horas, Vanilda e Fabiana ouviram o trotar do pomposo cavalo branco que puxava folgadamente o pequeno trole conduzido por Acir. Vestido esportivamente, ele se esforçava no sentido de fazer o animal parar na porta da casa. Era a primeira vez em que ele próprio conduzia um trole, pois dispunha de um serviçal para essa tarefa e se era ele brilhante cirurgião, o mesmo não podemos dizer a respeito dos seus dotes de cocheiro! Custou muito para o pobre cavalo entender qual a manobra que o seu condutor desejava realizar...

- Bom dia, meninas! – cumprimentou, sorrindo, meio encabulado com a inexperiência demonstrada.

- Bom dia, Dr. Acir! – responderam as moças não disfarçando a graça que estavam achando em tão pitoresca cena.

Apressaram-se em ajeitar a grande cesta de vime no bagageiro do veículo e Acir, cavalheirescamente, ajudou-as a embarcar.

Durante o trajeto, fatos hilariantes aconteceram, pois a preocupação de Acir era tanta, em dirigir o esperto animal, que acabava atrapalhando o confuso cavalo, tão habituado a ser dirigido por exímios cocheiros! Os bruscos movimentos de Acir, com as rédeas, deixavam o animal completamente desorientado e o fazia optar, muitas vezes, por parar, até que seu condutor se definisse no comando. Vanilda e Fabiana esforçavam-se para não sorrir, procurando, assim, não encabular ainda mais o inexperiente amigo na condução do trole. Com os lábios apertados, evitavam se olharem nos olhos mas, em dado momento, perderam o controle e explodiram gostosas gargalhadas que acabaram, também, por contagiar o amigo!

Já descontraídos com tantas peripécias, chegaram ao magnífico local. O pobre cavalo, no entanto, mostrava-se tremendamente tenso, agitado...

Observando a beleza da paisagem, Acir descansou por alguns minutos e, já refeito, desatrelou o bonito animal, preocupando-se, porém, em deixar o tapa-olhos colocado, pois essa medida iria facilitar sobremaneira a operação de atrelá-lo novamente, ao final da tarde. Se não fosse capaz de fazê-lo – pensou – procuraria ajuda na chácara de Rubens, que ficava a uma centena de metros além do córrego.

A manhã transcorreu magnífica e, entre uma e outra guloseima, os amigos conversavam animadamente, brincavam e até corriam, motivados por uma peteca levada pelas moças. Volta e meia os olhos de Vanilda e Acir se encontravam e miravam-se profundamente, como se estivessem a proferir, silenciosamente, loucas juras de amor! Com toda discrição, Fabiana fingia nada notar...

Chegada a hora do almoço, refrescaram os rostos com a límpida água que fluía, convidativa, no pequeno córrego. Nesse momento viram, ao longe, a figura do Rubens que chamava por Fabiana, entre os canteiros floridos do seu bem cuidado jardim. Aproveitando a ausência da jovem que se afastara para atender ao chamado, Acir, não se contendo, tomou, trêmulo, as mãos de Vanilda, apertou-as, louco de amor e fitando-a firmemente no fundo dos olhos, desabafou:

- Vanilda, eu preciso de você! Amarguei longa espera por este dia... Enfrentei mil problemas conjugais por estar com Célia mas deixando o coração consigo... Abandonei a cidade e o emprego de que tanto gostava, na tentativa insana de buscar esquecê-la... Mas tudo foi em vão! Se não puder contar com a sua presença ao meu lado, já não me importa mais viver... Imploro, agora, uma migalha do seu amor!

Os corpos tremiam e os corações batiam forte, quase rompendo os peitos... A emoção gritava por amoroso abraço, mas a razão exigia: Não devem!

Perdidos, nesse mágico momento, ouviram a voz de Fabiana, à distância, que se dirigia a eles apenas para alertá-los, disfarçadamente, da sua presença:

- Vanilda! Acir! O Prof. Rubens oferece-nos a sua residência, caso queiramos descansar um pouco...

- Agradeça a ele por nós! – disse Vanilda, com a voz ofegante pela emoção.

- Muito grato pelo convite! – gritou Acir – Vou já aí cumprimentá-lo!

Descansaram por boa parte da tarde, protegidos pela refrescante sombra do frondoso tamarindeiro. O Sol já se enfraquecia, ensaiando as suas despedidas  quando os amigos decidiram voltar à cidade. Rubens, muito solícito, fez questão de atrelar o animal, pois sabia que o amigo não era dado a esse tipo de tarefa. E insistiu para que aceitassem o gostoso cafezinho que sua mãe preparara, com carinho.

A volta não foi menos hilariante do que a vinda. Acir voltou a demonstrar que nada entendia de cavalos.

O paciente animal voltou a apresentar grande tensão, durante todo o trajeto.

O dia havia sido perfeito! Todos sentiam-se bem mais leves, livres das últimas tensões que os assediaram nos dias anteriores. Acir e Vanilda pareciam ter-se reencontrado e, desta vez, sob melhores e duradouros auspícios. Amavam-se, agora livremente!

Era tanta e tão recíproca a alegria dos três amigos que, já à porta da residência das moças, Acir manifestou-se, confiante:

- Caras amigas! Que tal se fôssemos jantar num restaurante tipicamente mineiro, para encerrar gloriosamente este dia tão agradável?

Ambas concordaram, efusivamente alegres.

Vanilda exultava! Acir refizera-se um adolescente ansioso, apaixonado!

O jantar transcorreu alegremente, ao sabor da mais requintada cozinha mineira. Ao final do delicioso repasto, cansados e felizes como crianças, Acir confabulou por alguns momentos com Vanilda e, como se anunciasse a união do Sol à luz, declarou:

- Fabiana! É com imenso prazer e com os nossos corações plenos de felicidade que, graças a Deus, nós nos declaramos, diante da nossa mais querida amiga, que estamos apaixonados e, como tal, unidos, desde agora, na intenção de selarmos, finalmente, os nossos destinos, as nossas vidas e os nossos corações, para um futuro muitíssimo feliz! Nós nos anunciamos agora, para você, dileta amiga e companheira de trabalho, como namorados, com intenção a futuro matrimônio!

Romântico, recordando versos do tempo da faculdade, declamou:

"Eu te pedi ao céu, sem ter guarida!

Busquei-te no oceano, inutilmente!

Em tenebrosos antros desta vida,

Vaguei atrás de ti, como um demente!


Gritei teu nome, em vão, ao infinito!

Amei-te nos meus sonhos, conturbado!

E, aos afagos de um amor proscrito,

Eu murmurei teu nome, apaixonado!


Este enlevo cruel, que me devora,

É como a fé, sem cor, de toda hora!

Ou paixão! Pela qual eu me condeno!

É desejo de amor, insatisfeito,

É delírio, que vive no meu peito,

Qual uma gota de mortal veneno!"

*José Carlos Teixeira Franco

E Acir calou-se, comovido...

Todos se abraçaram, lacrimosos e agradecidos a Deus pelo reencontro, tão desejado e, no entanto, tão trabalhoso, de Acir e Vanilda!
O feliz evento foi comemorado, entre risos de contagiante felicidade, com delicioso champanhe, legitimamente francês!

# OS ÂNIMOS COMEÇAM A ESQUENTAR...

Há alguns anos, manifestações espíritas vinham se processando através de médiuns psicofônicos ou psicógrafos, anunciando a nova fase de esclarecimentos, bem mais avançados, no campo espiritual.

Allan Kardec, com um grupo de dedicados médiuns, vinha recebendo mensagens que iam sendo codificadas, organizadamente e compondo, já, "O Evangelho Segundo o Espiritismo". Em vários lugares, manifestações provavelmente extra corpóreas atestavam a veracidade da nova luz a espalhar-se, em breve tempo, pela Europa e pelas Américas. Entretanto, dadas as diferenças de percepção e entendimento dos espiritualistas, ainda haveria muito a ser exposto, discutido e estudado, na composição da nova doutrina, realmente espírita. Contudo, pelas indiscutíveis provas, testemunhos inteligentes e conscientes de seres pensantes, independentemente das nossas influências psíquicas, o espiritismo já se impunha aos mais evoluídos, como a verdade indiscutível a sobrepor-se aos antigos e muitas vezes deturpados dogmas das igrejas, seitas e grupos semi espiritualizados da época.

Rubens, integrado nesse novo grupo de seletos e abnegados estudiosos, optara pelo "Novo Testamento", tomando por ponto de partida para as suas explanações, sempre os ensinamentos de Jesus Cristo. Aos poucos, ia descobrindo nas entrelinhas das parábolas do Mestre, a essência verdadeira da vida! Já encontrava explicações para certos problemas de procedimentos, dificilmente elucidáveis através dos conhecimentos científicos ou pelas explicações dadas por sacerdotes de quaisquer religiões. Entretanto, quantos teimosos e insensatos, até hoje insistem em negar a nossa origem divina e eterna e, desse modo, pela falta do "elo perdido", que os levaria a buscar eco nos paramos e nas decisões celestes, apelam para a parapsicologia e metafísica e se perdem em conjunturas fantásticas!

O padre Haroldo, pároco da igreja matriz, não via com bons olhos essa nova filosofia e não perdia a oportunidade, nos seus sermões dominicais, de tecer veementes críticas a tão profanas ideias! Chegava mesmo a mencionar o nome de Rubens e, indiretamente, incitava as mais carolas matronas a praticarem atos não muito amistosos contra o professor. Jamais permitia que qualquer membro das suas famílias viessem a tomar aulas com ele e as instigava a tirar os filhos das escolas onde Rubens lecionava ou prestava alguma ajuda financeira. De preferência, que evitassem até cumprimentá-lo! Aos fazendeiros, alertava sobre o perigo das ideias abolicionistas alimentadas por ele e conseguia, dessa forma, também incitá-los contra o professor.

Assim, a vida na cidade ficava cada dia mais difícil para Rubens. Entretanto, embora sofrendo hostilidades das classes dominantes, angariava cada vez mais a simpatia dos menos favorecidos pela sorte, que viam nele, o seu grande protetor.

As contundentes crônicas de Juventino continuavam a fazer vítimas, desde entre os grandes fazendeiros até nos seios de alguns lares, quando resolvia escolher alguém para difamar e, dessa forma, se divertir! O seu grande alvo, no entanto, continuava sendo Osmar e, em menor importância, também Norberto era sua vítima frequente. Se aliados, Osmar e Juventino representariam um grande perigo para Juventino. Ele, extremamente cauteloso em seus hábitos, aproveitava as ameaças deles recebidas para redigir novas crônicas.

Embora poupando o nome de Vanilda, pois após a sua aliança com Moacir passara a respeitá-la, narrava, todos os domingos, uma fictícia história de amor não correspondido, envolvendo a figura de Norberto que, embora com o seu nome omitido, era reconhecido por todos os leitores através da caricatura desenhada por Lucas, a quem Juventino conquistara. Com a ajuda do jornalista, Lucas melhorara muito e já bebia bem menos.

Revelara-se, também, bom desenhista e sob a orientação de Juventino, aprendera a fazer ótimas caricaturas, ressaltando criteriosamente, os traços mais marcantes das pessoas e, nos seus desenhos, destacava-os com maestria. Inocentemente, passara a ser tutelado pelo escritor e dele recebia também a incumbência de seguir cada passo de Norberto e relatá-los, com minúcias, ao seu protetor.

Acir e Vanilda viviam secreta e intensamente o seu romance, perdidamente apaixonados, mas sempre sob a perseguição de Norberto, que não se conformava com a rejeição da jovem a sua pessoa. Sempre que surgiam oportunidades, provocava, acintosamente, Acir. O médico já nutria por ele imensa antipatia!

Wanda, a fiel secretária de Norberto, induzia as damas mal faladas da cidade a aproximarem-se de Acir, em qualquer lugar que o encontrassem, criando inúmeras situações constrangedoras ao cirurgião. Ele sabia bem que esses assédios eram encomendados por Wanda, mas não ressentia-se com ela, pois sabia que a pobre mulher estava apenas cumprindo as ordens do seu patrão!

Adair, beata ao extremo, esforçava-se para fazer Moacir romper a forte amizade que ele dedicava a Rubens, apenas por não compactuar com a filosofia religiosa do professor.

Incentivada pelo padre Haroldo, estava convencida de que poderia utilizar-se de qualquer artifício para atingir o seu objetivo. Mesmo em se tratando de intrigas e inverdades! O que importava, dizia-lhe o padre, era manter a união do casal, que se achava estremecida por divergências religiosas, já que Moacir influenciava-se com as crenças de Rubens e, segundo o pároco, ela já estaria perdoada por qualquer ação que praticasse visando acabar com aquela perniciosa amizade!

provavelmente – pensava ela – se Moacir deixasse Rubens convencê-lo de que era importante fazer tanta caridade, sairia pela cidade distribuindo seus bens aos pobres e acabaria, novamente, em difícil situação financeira, como estava, antes da sua aliança com Juventino. Aos poucos, ia minando a confiança que Moacir tinha em Rubens!

Dona Nazareth, a gentilíssima anciã que criara Rubens desde tenra idade, quando falecera a sua mãe biológica, indignava-se com os acontecimentos dos últimos tempos, que envolviam antes pacatos cidadãos, que ela conhecia há tanto tempo! Comentava, tristonha:

- Filho! Onde vai parar essa pobre humanidade? Isso tudo que está acontecendo é falta de fé, é falta de Deus em seus corações! É falta de amor... Vi a maior parte desse povo crescer, vi sua infância, quando tudo era harmonia! As pessoas precisam estar em paz com tudo que as cercam, em paz com a natureza! Tem que haver harmonia entre nós para que nos aproximemos de Deus! Mas que... Não conseguem se dar bem nem entre os irmãos! Minha vontade é colocar, um a um, no colo e dar-lhes boas palmadas! Fosse eu mais nova, faria alguma coisa para voltar a unir esse povo!

E a vida continuava na cidade que já não se mostrava tão pacata...

# ANIVERSÁRIO DE NAZARETH

N esse clima pesado que se abatera sobre a alta sociedade, dona Nazareth completava seus oitenta anos de vida. A juventude não havia lhe deixado lembranças muito agradáveis. Casara-se muito jovem e, doze anos após as bodas, fora abandonada pelo esposo, que decidira tentar a sorte no sul do país, nunca mais tendo retornado e nem ter mandado, jamais, qualquer notícia sobre o seu paradeiro.

Embora lutando com enormes dificuldades, criou seus três filhos biológicos, a essa altura já casados e residentes no Rio de Janeiro. Criou, também, Rubens, a quem adotara um ano após ter sido deixada pelo marido. Esmerou-se em educá-los segundo os mais rígidos conceitos do moral cristão e teve, em Rubens, a sua melhor recompensa! Jamais esse filho a desobedecera e, sempre que possível, esforçava-se para auxiliá-la na resolução dos problemas do cotidiano que, na adolescência dos irmãos, não foram poucos! Procurava atender aos mais singelos anseios da mãe, como, por exemplo, acompanhá-la à missa dominical, ainda que a presença dele, na igreja, não fosse vista com bons olhos pelo padre Haroldo, em visitas às velhas amigas ou em agradáveis passeios pelos campos, nos finais das tardes. Nazareth, por sua vez, também dispensava um especial carinho ao filho adotivo que, a bem da verdade, fazia por merecê-lo.

Rubens, extremamente dedicado à velha mãezinha, contou com a ajuda de Fabiana e Vanilda para o preparo da bela festa que programara para a comemoração dos oitenta anos da sua mãe. Ele, as moças e, em menor escala também Acir, pois o médico não dispunha de muito tempo, esforçaram-se na organização de todos os detalhes, tomando o cuidado para que a idosa mas lúcida senhora nada percebesse. Desejavam oferecer-lhe o evento como surpresa.

O grande salão de festas da casa de Acir estava lindamente decorado e pronto para receber os convidados, no mais alto estilo!

Acir oferecera a sua casa por residir na cidade, o que facilitaria o acesso dos convivas à grande recepção programada.

- Mamãe, hoje é um dia especial! – disse Rubens, ao tomar o café da manhã.– Quero que a senhora me espere, ao final da tarde, com aquele vestido que eu lhe trouxe de Paris!

- Ora, meu filho... Uma velha, como eu, já não se importa mais com essas datas! – afirmou Nazareth, acreditando que, finalmente, Rubens se lembrara de que naquele dia ela completava mais um ano de vida. A falta dos cumprimentos do filho a estava surpreendendo... Ele nunca se esquecera de abraçá-la de maneira especial, logo pela manhã, em todos os seus aniversários!

- Não sei a que data a senhora se refere, mamãe... Mas hoje iremos a uma recepção que o Acir estará oferecendo à importante figura da sociedade carioca, que irá jantar em sua casa!

As pobres das cozinheiras estão trabalhando duro, desde ontem, no preparo dos mais refinados pratos... Não podemos perder essa festa! – concluiu Rubens.

A gentil senhora quase não conseguiu esconder tamanha decepção! – Sim – pensava ela - Rubens está, também, envelhecendo... Imagine! Não se lembrar do meu aniversário...

- Está bem, filho! A que horas devo estar pronta? – indagou, procurando disfarçar o seu desapontamento.

- Às oito da noite! Durma um pouco durante o dia, pois a quero muito bem disposta durante o jantar.

Quando o filho chegou, no início da noite, encontrou a mãezinha radiante de alegria! Já prontinha, em seu discreto, mas muito bonito vestido, com os alvos cabelos caprichosamente presos em coque e com a face ligeiramente retocada por perfumado pó de arroz!

- Podemos ir, pois já são seis e meia! Estou pronta há mais de meia hora, mas você demorou!

Eu já estava ficando preocupada... – apressou a cativante senhora.

- Oh, mamãe! Dê-me um tempo para que eu possa preparar-me... O Acir e os seus convidados que esperem! – brincou Rubens.

- De jeito nenhum! – afirmou, impaciente, a anciã. – O trole pode quebrar com tantos buracos que existem na estrada... Ou acontecer qualquer outro imprevisto... Se você não se apressar, vamos chegar atrasados! – concluiu.

- Calma, mamãe! Em poucos minutos estarei pronto.

- Está bem! Mas ande logo com isso... Vou esperá-lo na varanda!

Sob os protestos da mãe, às sete e meia Rubens conduzia o macio trole em direção à cidade...

Ao apearem às portas da casa de Acir, Nazareth espantou-se com tanto movimento... Eram troles, charretes e até algumas carruagens, estacionadas, enquanto atarefados serviçais se apressavam nos cuidados com os animais, não deixando qualquer preocupação aos seus proprietários.

- Nossa Senhora! – comentou a anciã. – O Acir deve estar recebendo o Imperador!

Ao aproximar-se da porta principal, Nazareth estranhou o silêncio reinante na casa e comentou, ligeiramente impaciente:

- Está vendo como eu tinha razão? Já estão fazendo a oração de agradecimento pelo alimento... Veja que silêncio... Eu sabia que estávamos atrasados!

Rubens esforçou-se para conter o riso...

Deixaram os acessórios com o sisudo servente, no hall e adentraram ao salão.

Repentinamente, em uníssono, quase uma centena de pessoas começou a cantar o "Parabéns à Você!", acompanhadas por excelentes violinistas, contratados por Acir, como presente a tão simpática senhora!

Nazareth, estática, não sabia o que dizer... A emoção fora tanta que lhe tirara a voz! Aos poucos, recobrando-se da emoção, deixou escapar duas lágrimas, que relutavam a descer!

- Oh, filho amado! Não sei como lhe agradecer... Queridos amigos, vocês quase param este velho coração... Eu os amo!

Os talentosos músicos profissionais iniciaram maviosa melodia!

Juventino, que se fizera presente devido a sua aproximação a

Rubens e Acir, através de Moacir, comentou que a orquestra era, sem dúvida, muito melhor que "A Furiosa", nome pejorativo dado por ele à bandinha que ocupava o coreto do jardim, nas tardes de domingo. Grandes eram os elogios aos saborosos quitutes servidos e, a cada um deles, Constância agradecia, orgulhosa, e fazia questão de explicar que foram preparados de acordo com as suas receitas. O ambiente alegre e festivo não demonstrava que existiam, ali, algumas pessoas que não se queriam bem e haviam comparecido, em primeiro lugar, por serem amigas de Rubens e, em segundo, para projetarem-se mais na alta sociedade local. A pedido de Juventino, até Lucas comparecera, trajando elegante terno, presente do seu protetor! Durante todo o tempo, permaneceu acompanhado por dois enormes serviçais, cuja única incumbência era a de zelar pelo seu bom comportamento, não permitindo que o pobre homem ingerisse bebidas alcoólicas.

Mesmo nessas condições, Lucas exultava de alegria! A sua presença, contudo, não fora bem vista pelos figurões da sociedade que viam nele uma constante ameaça, dada a sua missão de relatar tudo o que via ao seu patrão, o temido Juventino. Além disso, alguns dos presentes achavam que a presença do ébrio estaria menosprezando, propositalmente, as suas ilustres pessoas e isso teria sido planejado, com certeza, por Juventino.

A certa altura, Acir solicitou aos convidados para que deixassem livre o centro do salão e Rubens, cerimoniosamente, convidou a senhora sua mãe para dançar a valsa que havia sido cuidadosamente escolhida por ele, em homenagem à querida anciã. Nazareth não se fez de rogada e, alegremente aceitou o convite! E mostrou que, não obstante a sua avançada idade, tinha grande intimidade com a dança!

Após os calorosos aplausos recebidos ao final da melodia, Rubens convidou a todos para que também dançassem e, sem que houvesse a necessidade de repetir o convite graciosas damas e gentis cavalheiros iniciaram o animadíssimo baile!

- A valsa cativa-me, cara amiga! – comentou Fabiana.

- A mim também! – respondeu Vanilda. – Cativa e enaltece o espírito! – completou.

Acir, que se ocupara por alguns instantes com Herculano, apressou-se a pedir à amada que o acompanhasse ao centro do salão. Gesto esse imitado por Herculano com relação a Fabiana.

Os casais deslizavam pelo amplo salão, embalados pelos belos acordes dos violinos, cingidos magistralmente pelos competentes músicos.

Vanilda e Acir, ébrios de amor, fitavam-se no fundo dos olhos, caladamente! Após vários minutos, Acir quebrou o silêncio reinante entre eles:

- Vanilda, minha doce amada... Vamos aproveitar a reunião e anunciar a nossa união, em alto e bom som?

- Oh, isso não! – respondeu Vanilda. – Você é casado... Tem a esposa e as filhas que, a qualquer momento podem aparecer!

- Ora, Vanilda... Das meninas, confesso que tenho saudades... Mas de Célia, nem me lembro mais! Parece-me nunca tê-la conhecido...

- Nem sabe por onde ela anda? – questionou Vanilda.

- Voltou a Maceió. Se ainda está por lá, não sei... Preocupa-me, um pouco, o futuro de Celina e Jacyra... Não confio muito em Célia e não sei se ela saberá orientar as meninas, agora que já são mocinhas. – comentou Acir, demonstrando evidente preocupação.

- Mudemos de assunto! – disse Vanilda. – Afinal, Célia não soube corresponder ao seu amor e, agora, é justo que você reorganize a sua vida... Mas ainda acho que é um pouco cedo para assumirmos publicamente um compromisso. – completou.

- Rubens tem-me censurado muito por minha indiferença ao futuro das garotas... Ele não percebeu, ainda, como é grande a minha preocupação com elas... Mas, com o gênio de Célia, nada posso fazer... Ela nunca me permitiu a aproximação, até que desisti...

- Ora, Acir, o que você pode fazer? – finalizou Vanilda, visivelmente contrariada com a situação, sentindo uma pontinha de culpa...

Mudando de assunto, o casal logo voltou a sorrir.

Os galos da vizinhança já cantavam quando o último convidado se despediu. A festa fora coroada de absoluto sucesso e constituiu-se no melhor presente de aniversário que Nazareth já recebera, em toda a sua vida!

No domingo seguinte, "O Holofote" foi às bancas com uma página inteiramente dedicada ao evento e, em seus comentários, Juventino afirmava que toda a alta sociedade havia comparecido, sem uma única exceção!

Norberto, que não deixava de ler um só número do periódico seu concorrente, para ver se o temido jornalista esquecera-se do seu nome em sua afrontosas crônicas, ofendeu-se imensamente com a afirmação de que "toda a alta sociedade estivera presente!" Ele, embora fosse um dos homens mais ricos da região, não fora convidado! Certamente – pensava ele – por interferência do Juventino! Até o ébrio Lucas estivera presente, mas ele não... Isso o deixou irritadíssimo e tomou o fato como clara e evidente provocação de Juventino contra a sua pessoa. Sabia bem que Rubens e Acir, embora não sentissem por ele qualquer simpatia, não fariam isso com ele, mesmo que fosse por mero cavalheirismo... Só podia ter havido a interferência do famigerado jornalista, seu grande inimigo. – concluía.

Lucas, muito bem pago por Juventino, continuava a seguir Norberto, em todos os seus passos. Até um cavalo ele ganhara do seu protetor para que pudesse cumprir melhor a sua tarefa! Todas as manhãs, quando Norberto punha os pés para fora da sua bela residência, já via a figura do Lucas, em pé, quase que em posição de sentido, logo após o portão principal da imensa mansão.

Invariavelmente, era questionado por Lucas com um irritante " – Já vai?"

O corpulento Norberto, mais de uma vez tentara espancar o seu seguidor que, agora bebendo menos, motivado que estava pelo emprego que conseguira, sempre conseguia escapar ao seu agressor!

A cada dia mais crescia o ódio de Norberto que, com os nervos à flor da pele, começara a arquitetar um plano para acabar, de vez, com o pobre Lucas. Embora soubesse que ele estava apenas cumprindo ordens, já não suportava mais aquele " – Já vai?"!

Com o passar do tempo, os boatos foram crescendo novamente,

a respeito do relacionamento de Acir com Vanilda, porém, aos poucos, o casal menos ia se preocupando em ocultar seu romance. Assim, não muitos meses após terem firmado o seu namoro, toda a cidade já estava ciente do fato, ainda que os jovens não o assumissem publicamente.

# A MUDANÇA DOS RUMOS

Os dias, para Acir, pareciam cada vez mais longos... A rotina do hospital já deixara de constituir um prazer pelo exercício da profissão. Em seu consultório particular, muito pouco aparecia... Um único pensamento ocupava, diuturnamente, o seu pensamento: unir-se à Vanilda, definitivamente! Ela, contudo, resistia aos frequentes pedidos do médico, insistindo em manter secreto o seu relacionamento com ele que, melhor do que a amada, sabia ter-se tornado do conhecimento público aquele controvertido romance!

- É uma falta de vergonha – comentavam as matronas ao saírem da missa – esse médico ficar se encontrando furtivamente com aquela descarada! Pobre Célia... Imagine! Ser trocada sem nenhuma cerimônia por uma lambisgoia...

Os pacientes, que antes recebiam toda a atenção de Acir, agora constituíam-se, aos seus olhos, em desagradáveis obrigações e fontes de problemas que ele, desinteressadamente, procurava resolver. Quantas vezes, enquanto o paciente contava, preocupado, a história dos seus males, Acir divagava e, invariavelmente, levava o seu pensamento à Vanilda. Não fosse a grande carência de médicos na cidade, naquela época, ele teria perdido toda a sua clientela!

Vanilda, por sua vez, via-se cada dia mais dedicada ao piano. Quando não estava lecionando, ocupava o seu tempo na execução de lindas melodias que a elevavam às nuvens, enquanto esperava por Acir. O imenso amor, sem dúvida, ampliava a sua inspiração. Assim, entre uma e outra execução, aguardava o passar das horas até que, ao final da tarde, ouvia o gentil cumprimento de Acir:

- Boa noite, minha idolatrada deusa! Como foi o seu dia?

Ajeitava, carinhosamente, o ramalhete de flores do campo que o namorado nunca deixava de trazer e, em seguida, atirava-se aos seus braços e, por várias horas, trocavam juras de amor eterno!

Fabiana, desde a noite em que dançara com Herculano, passara a ser elegantemente cortejada por ele que, embora sendo quinze anos mais velho que ela, fazia por merecer a sua atenção e, ao que tudo indicava, o casal acabaria por enamorar-se!

Na casa de Rubens as coisas caminhavam rotineiramente e, a não ser pelo fato de que Dona Nazareth começasse a apresentar sintomas de problemas cardiovasculares, dignos de certos cuidados, devido a sua avançada idade. Sempre que surgiam as oportunidades de conversar com o filho sobre a continuidade da vida após ter-se o espírito se desvencilhado do corpo físico e do processo da reencarnação, tão apregoada pelo filho, dizia a anciã:

- Sabe, filho, eu que vi a harmonia reinar nesta cidade, desde remotos tempos; que vi grande parte dos seus habitantes nascerem e crescerem, fico muito triste, agora, com tantos rancores campeando entre eles... Sinto, no fundo do meu cansado coração, que sou também um pouco mãe de todos eles... Se as coisas forem, realmente, como você diz, se de fato tivermos a oportunidade de retornar a este plano físico, a este mundo, para nova vida encarnada, vou pedir aos espíritos superiores para que roguem ao Pai Celestial conceder-me a oportunidade de aqui voltar, tendo como filhos, os nossos queridos amigos. Lastimo vê-los se digladiarem, movidos pela ambição desenfreada e pelas paixões mundanas, que outras serventias não têm senão as de retardar a evolução espiritual, que você tanto fala, e fazer sofrer, além deles próprios, as pessoas que os amam. Tenho certeza de que, com muito amor e carinho, eu os farei novamente amigos, sem mágoas ou rancores e, após o seu novo desencarne, poderão seguir avante, livres do ódio, que tanto cega o espírito... Se você estiver certo na sua teoria e se Deus me der essa oportunidade de aqui voltar, vou conseguir reuni-los, você vai ver...

- Claro, mamãe! – respondia sempre o filho – A vida depende muito mais de nós mesmos do que pensam os materialistas, que acreditam que Deus tenha a incumbência de fazer-nos felizes, sem que nada façamos, de nossa parte. Cometem grande erro ao pensar que Deus é um barbudo ancião, constantemente sentado ao trono, comandando-nos diretamente, um a um, como se fôssemos meros fantoches! Não! Não é assim... O Divino Criador nos deu a inteligência e a capacidade para discernir entre o que é certo e o que é errado... Deu-nos o livre

arbítrio para que decidamos a nossa vida, que determinará, por sua vez, a nossa evolução, que poderá ser lenta ou rápida, dependendo, única e exclusivamente, dos nossos atos!

Quase sempre abordando esse tema, a conversa fluía, naturalmente, entre mãe e filho. A crença em Deus e na continuidade da vida não permitiam que a tristeza se abatesse sobre aquele lar, mesmo sabendo, Rubens e Nazareth, que não tardaria muito em chegar o dia em que devessem se separar, temporariamente, pois a idade da velha senhora agravava, cada vez mais, os problemas de saúde que nos últimos anos a acometiam.

# A VENDA DO HOSPITAL

Herculano, que sempre fora reconhecido pelos funcionários do pequeno hospital como um homem extremamente severo e até um pouco rude, mudara sensivelmente a sua conduta...

Já não se irritava tanto com as imperfeições dos seus subalternos e começara a frequentar os diversos departamentos do nosocômio, não perdendo a oportunidade de cumprimentar gentilmente a todos, não se importando com o cargo ocupado pelo funcionário. Às vezes, iniciava descontraídos diálogos com seus subalternos que, em todas elas, mostravam-se surpresos com a mudança do diretor! Sem dúvida, ele tornara-se um novo homem!

Com essa mudança, os empregados passaram a trabalhar mais satisfeitos, pois já não viam um inimigo na figura do diretor. Aos poucos, Herculano conquistara a simpatia geral. Dada a especial atenção por ele dispensada à Fabiana, não tardou para que todos notassem que entre eles havia interesse mútuo! Se já não o fosse, não levaria muito tempo para tornar-se um grande amor!

De fato, ainda que mantendo a mais absoluta discrição, Fabiana e Herculano já nutriam, um pelo outro, um grande amor!

Esse inesperado amor, certamente, fora o responsável pela repentina mudança de Herculano! A amizade existente entre ele e Acir, visivelmente aumentara muito! Fabiana e Vanilda eram grandes amigas e não demorou para que Herculano passasse a se reunir com os três, nos finais das tardes, para o saboroso chá de casca de cacau seca, que Vanilda tanto apreciava.

Enquanto saboreavam a rosada bebida, entregavam-se a descontraídas conversas que se desenrolavam por horas e horas!

Cerca de um ano após o início do seu namoro com Fabiana, Herculano solicitou a presença de Acir em seu escritório e participou ao surpreso amigo a sua decisão de vender o hospital e transferir residência para o Rio de Janeiro, de onde ele viera e tinha muitos amigos e também para livrar-se de comentários pejorativos, pois até então ele fora um homem muito sisudo e também contava com quinze anos mais que Fabiana. Depois do aromático cafezinho, informou:

- Acir, meu caro amigo! Quero informar-lhe, em primeira mão, sobre a importante decisão que acabo de tomar!

-Por sua alegria, deduzo tratar-se de coisa boa, Herculano! – deduziu Acir.

- Oh, sem dúvida, meu caro colega! – retrucou o diretor.

- Então, vá direto ao assunto, Herculano... Estou curioso por conhecer o motivo de tanta satisfação!

- Pois bem, meu doutor... Decidi-me por morar no Rio de Janeiro! Acho que chegou a hora de entregar-me a uns poucos prazeres desta vida...Como as praias e as belas paisagens cariocas, além dos teatros e outros grandes privilégios dos habitantes daquela cidade!– informou, entusiasmado, o diretor.

- Ora, meu caro! Não tenho inveja de você... – comentou Acir, não conseguindo esconder uma certa decepção com a novidade. – Eu, que morei por longo tempo no Rio, sei bem que as coisas não são assim, tão maravilhosas, por lá... As pessoas não se conhecem e as distâncias são sempre longas, de onde se está para onde se deseja ir... Decididamente, não vejo vantagem alguma nessa sua mudança!

- Você pensa assim, meu caro, porque não está vivendo a situação que eu estou! Ganhei muito dinheiro aqui, confesso, e fiz grandes amigos. No entanto, tenho dois grandes motivos para tomar essa decisão... O primeiro, é que julgo ter chegado a hora de trabalhar menos... O segundo é o fato de eu e Fabiana estarmos profundamente enamorados ... e não desejo passar pelo mesmo problema ou pelo menos semelhante, ao que o caro amigo e Vanilda vivem, atualmente... Aqui, somos muito visados, observados nos nossos mais insignificantes gestos.

- Já sei, Herculano! Fabiana o fez renascer para a vida... Não é mesmo?

- Sim! Confesso que sim... Sou um novo homem, agora! E informo, ainda, Acir, que ela vai comigo e, assim que lá cheguemos, vamos nos casar! – completou, radiante, Herculano.

- Oh, que bom, Herculano! Alegro-me por vocês! Fabiana é excelente moça... Mas, diga-me, o que pretende fazer com este hospital?

- Vou vendê-lo a você! – afirmou, confiante, o diretor.

- Ah, não tenho tanto dinheiro assim... – respondeu Acir.

A seguir, os amigos discutiram detalhes, preço e condições de pagamento, por mais de duas horas, pois Acir interessara-se pela compra, desde que Herculano lhe oferecesse condições viáveis de pagamento.

Ao deixar a sala de Herculano, Acir demonstrava grande alegria! Se estava prestes a perder a companhia dos dois grandes amigos, Fabiana e Herculano, via-se, agora, diante da possibilidade de realizar seu grande sonho: ser o proprietário de um hospital!

Afinal, pensava ele, o valor não ia muito além do seu patrimônio e Herculano mostrara-se disposto a parcelar o tanto que lhe faltava... Sim, o negócio era viável!

Depois de minucioso balanço em suas propriedades, Acir concluiu que não lhe faltava mais do que vinte por cento do preço combinado com Herculano. Se conseguisse um sócio de sua confiança – pensava – seria bom para ele , pois teria alguém interessado, à testa do empreendimento, por ocasião de algum eventual afastamento seu, como por exemplo, durante as suas férias. E seria bom, também, para Herculano que receberia todo o pagamento à vista.

Assim pensando, Acir pôs-se a analisar cada uma das pessoas que lhe inspiravam confiança para, sem riscos de engano, convidar apenas as pessoas de extrema idoneidade.

Finalmente, depois de selecionar três ou quatro nomes, decidiu-se por fazer o convite a Moacir que, além de honesto, agora estava em ótima situação financeira e, aparentemente, aprendera a valorizar mais o fruto do seu trabalho e a não cometer os mesmos erros administrativos de outrora. As lições do Juventino tinham-lhe feito muito bem!

Feita a proposta, Moacir mostrou-se muito interessado em participar do negócio. Pediu a Acir que lhe desse uns quinze dias para que pudesse levantar o capital necessário. Suas reservas financeiras estavam todas aplicadas em cavalos e gado leiteiro. Acir concordou em aguardar e participou a Herculano o seu interesse em adquirir o hospital, não podendo, contudo, fechar o negócio antes da resposta definitiva do Moacir. Por mais que Herculano insistisse, Acir não aceitou a proposta de efetivar de imediato a negociação, mediante o parcelamento, anterior –

mente já por ele oferecido. Na verdade, Acir queria, mesmo, um sócio para não vir a tornar-se um cativo do empreendimento, não podendo, nem ao menos, gozar suas merecidas férias, que tirava a cada dois anos sem ter alguém de absoluta confiança na administração como também não desejava vir a tornar-se um diretor administrativo, tendo que dispensar menos tempo à medicina.

Ele notara, enquanto conversava com Moacir, no estabelecimento do Osmar, que Deolinda não conseguira disfarçar o seu interesse em ouvir a conversa dele com o amigo. Chegou, mesmo, a ser indiscreta, dada a sua aproximação desnecessária e demorada, da mesa que ocupavam, enquanto discutiam o assunto. Por não ter nada a esconder, não deu muita importância ao fato e comentou, abertamente com o amigo sobre os objetivos, dele e de Herculano, em entabularem a negociação. Entretanto, três dias após a sua negociação com Moacir, Acir foi informado, por Herculano, de que Norberto e Osmar o haviam procurado para oferecer valor bem mais elevado que o solicitado por ele. Sendo Herculano homem de palavra, recusou a oferta e explicou já haver outro interessado, que se manifestara primeiro que eles, e deveria pronunciar-se à respeito já nos próximos dias. Prometeu que, se o primeiro desistisse da negociação, ele os chamaria para discutirem sobre a transação.

Assim que Herculano comentou o fato com o amigo, embora sem ter o menor interesse em negociar com Norberto e Osmar, Acir decidiu abrir mão do negócio, para não acarretar prejuízo ao seu amigo e diretor, pois mesmo juntando as suas reservas financeiras com as do Moacir, ele não conseguiria cobrir o preço proposto pelos outros dois interessados. Herculano, no entanto, mostrou-se irredutível na sua decisão de, mesmo deixando de auferir maior lucro, manter o preço inicial estabelecido ao amigo.

Se Acir já não sentia simpatia por Norberto, agora, então, já não conseguia esconder sua ira pelo simples fato de apenas ouvir alguém mencionar o seu nome! Ele sabia que aquela atitude de Norberto, oferecendo tão elevada soma, fora tomada para criar, propositalmente, uma situação desagradável ao médico que, de gênio explosivo mas de excelente caráter, não iria querer acarretar prejuízo à Herculano.

Acir, apesar de tudo, não acreditava muito que, de fato, Norberto e Osmar tivessem interesse no negócio, pois não eram médicos e nada entendiam do ramo, nem como meros administradores. Talvez – pensava ele – a proposta não passasse de um blefe, visando, apenas, prejudicá-lo! Se Herculano aceitasse a proposta deles, provavelmente voltariam atrás, desistindo da negociação... – concluía Acir, em seus pensamentos - Mas o impasse já estava criado!

Informado por Moacir a respeito da situação desagradável criada por Norberto e Osmar, Juventino determinou ao pobre Lucas que procurasse ouvir os mínimos detalhes das eventuais conversações de Norberto com Osmar. Se, como imaginava Acir, se tratasse de um blefe, ele próprio se incumbiria de convencer Herculano a fechar negócio com eles e, havendo recusa da parte deles, "O Holofote" se fartaria em satirizá-los, por longo tempo! Para Juventino, isso seria um ótimo divertimento!

Dois dias após ter feito a proposta de compra do hospital, Norberto decidiu fazer uma viagem. Não conseguiu, no entanto, fugir da aguçada vista do Lucas, que ao vê-lo sair de casa portando algumas malas, prontamente indagou: "- Já vai?"

- Já vou, peste! Mas vou para onde você não pode ir... Vou viajar de trem, enquanto você fica aí, plantado, com essa cara de bobo, sem poder me seguir! – esbravejou Norberto.

- Vai de trem, é? Espere aí que eu vou correndo pedir ao Dr. Juventino para que me compre a passagem para eu ir com você! – respondeu, inocentemente, Lucas.

- Vá, seu coisa-ruim! Vá me seguir no trem e eu o jogarei pela janela! – retrucou Norberto, enfurecido.

Em desabalada carreira Lucas pôs-se a procurar por Juventino, na esperança de que o patrão lhe desse o dinheiro para que ele pudesse seguir Norberto naquela viagem. Não conseguindo encontrá-lo, voltou ao seu posto, na porta da casa de Norberto, mas também não o encontrou mais. Sempre correndo, dirigiu-se à estação ferroviária, onde esperava encontrar Norberto e convencê-lo a comprar passagem também para ele, para que pudesse segui-lo, como determinara Juventino, "onde quer que ele fosse!"

Ao chegar à estação, deparou-se também com Osmar, que portava grande mala de viagem.

Logicamente, não conseguiu a passagem mas quase foi jogado sob as rodas da barulhenta locomotiva a vapor! Se não fosse a rápida intervenção do Osmar, Norberto teria conseguido realizar o seu grande sonho de livrar-se, definitivamente, do seu implacável seguidor!

Melancólico por ter deixado Norberto escapar, Lucas resolveu tomar um grande pileque e, no estabelecimento do Osmar, ouviu Deolinda comentar que o seu marido resolvera tirar merecidas férias enquanto ela, com o auxílio de um antigo caixeiro, tomaria conta dos negócios.

No dia seguinte, ao apresentar o seu relatório ao Juventino, Lucas estranhou o interesse do patrão, que insistia em saber de detalhes, ouvidos por ele, de Deolinda.

Com sua inigualável inteligência, Juventino concluiu que Osmar e Norberto estariam se ausentando da cidade com o único objetivo de fazer perdurar aquela situação que tanto constrangia Acir e, de certa forma, atrapalhava o seu negócio.

Para não prejudicar o amigo, Acir decidiu abrir mão da oportunidade de adquirir o sonhado hospital! Dezoito dias após terem-se ausentado, Norberto e Osmar retornaram da misteriosa viagem. No dia seguinte ao de sua chegada, Herculano foi procurá-los para tratar da negociação, omitindo, no entanto, o fato de Acir ter desistido da transação. Com o objetivo de continuar atrapalhando os negócios de Acir, Norberto solicitou trinta dias para efetivar a compra, porém, embora concordando com o prazo requerido, Herculano não saiu convencido de que não se tratava de um blefe por parte dos interessados. Comentou o fato com o seu advogado que, imediatamente, redigiu uma "Carta de Intenção" e pediu a presença de Norberto e Osmar em seu escritório, sem avisá-los sobre o documento e muito menos sobre a presença de Juventino!

Com sarcástico sorriso, Juventino assistia a tudo! Ao convite do advogado para que assinassem o documento, Norberto e Osmar tiveram o ímpeto de recuar! Entretanto, a presença do odiado jornalista os pressionava a assumir o compromisso, pois sabiam bem que, caso recuassem, no domingo seguinte seriam desmoralizados por Juventino, através do implacável jornal por ele dirigido, "O Holofote"!

Norberto e Osmar começavam a desconfiar que sua farsa fora descoberta mas, diante dos comentários de Juventino, não lhes restava outra alternativa senão assinar...

- Ora, senhores... – dizia Juventino – Não há motivo para preocupação! Empresários modernos e bem informados, como os senhores, não deviam ter qualquer receio em firmar o documento que, a cada dia, torna-se mais utilizado nas grandes cidades, visto ter essa Carta toda a atenção do Império que, além de incentivar a sua utilização nas grandes transações, ainda garante o seu fiel cumprimento, pelas partes interessadas! Homens honrados como os senhores e como o Dr. Herculano, jamais deixariam de cumprir suas palavras, todos sabem, mas motivo não há para temerem assinar o documento, oficializando os interesses dos compradores e do vendedor, não é verdade? A não ser que os cavalheiros ainda não estejam seguros sobre a sua disponibilidade financeira e queiram verificar, mais cuidadosamente, quais serão as disponibilidades para a efetivação desse investimento... Mas, aqui entre nós, sabemos todos que o numerário é o que não lhes falta, não é verdade? Aliás, toda a cidade já está sabendo sobre a grande soma oferecida pelos cavalheiros, para a aquisição do hospital!

Quantia esta que não deixará a mínima possibilidade, ao Dr. Acir,

UMA VIDA SÓ NÃO BASTA!

de superá-la! - completou ironicamente Juventino.

Pressionados dessa forma pelo jornalista que nada tinha a ver com o negócio, mas atingira com suas colocações o ponto mais fraco dos possíveis compradores, principalmente ao Norberto, que era muito vaidoso e gostava de ostentar a sua fortuna, acabaram por assinar o documento!

O prazo estipulado passou rapidamente e, não havendo a desistência de Herculano, foram obrigados a se desfazerem de vários bens para cumprir o compromisso, conforme determinava a Carta de Intenção que, em caso de desistência de quaisquer das partes, estipulava multa de dez por cento sobre o valor da transação. Para não perderem essa importância, optaram pela compra do hospital.

Herculano e Fabiana partiram, finalmente, em busca de uma nova vida... Acir, desgostoso, demitira-se antes que seus antagonistas assumissem a direção do nosocômio. Agora, mais do que nunca, odiava-os profundamente!

Com a participação de Moacir, o médico inaugurou uma bela clínica, não muito grande, mas provida de excelente centro cirúrgico, bem mais equipado do que o do hospital. Embora fosse o dono da clínica, continuava seu romance com Vanilda, mantendo-o em absoluto primeiro plano. Isso prejudicava seu desempenho profissional, pois passara a ver os pacientes apenas como uma obrigação a ser cumprida... No entanto, a clínica rendia-lhe ótima remuneração!

Moacir, agora acompanhando mais de perto a vida do médico, não entendia como podia ser possível um profissional, com a competência de Acir, desinteressar-se tanto pela profissão!

Um homem cujas habilidades propiciavam-lhe grande facilidade em salvar vidas, deixar-se abater por um simples capricho feminino... Já que Vanilda se recusava a viver com ele, por que, então, não tentava esquecê-la? Moacir sabia que seu sócio não se conformava com aquele relacionamento baseado em encontros furtivos, despertando a curiosidade e a maledicência das pessoas. Queria que Vanilda o assumisse como legítimo esposo, indo residir na sua casa, sem a preocupação com os comentários que tal atitude acarretaria perante os conservadores habitantes da cidade. No entanto, Vanilda jamais concordou com isso! No seu entender, os habitantes da pequena cidade a colocariam no mais baixo conceito, se aceitasse a proposta de Acir! Se já falavam tanto – pensava ela – o que diriam se fosse viver sob o mesmo teto com um homem que todos conheceram casado com Célia e pai de duas filhas?

E assim, a vida prosseguia na pequena metrópole...

# E CÉLIA TERMINA OS SEUS DIAS...

Dotada de grande beleza, não tardou para que Célia passasse a ser assediada por grande número de admiradores. Além de serem atraídos por seu belo porte físico, procuravam-na também por sua condição de "separada do marido", característica esta muito difamadora, naqueles tempos. Na esperança de conseguirem excitantes aventuras amorosas, os homens a assediavam, sem cessar e sem o menor respeito à sua pessoa. Dada a inexperiência de vida, visto que, quando casada o esposo resolvia todos os seus problemas, mesmo não cultivando grande amor por ela, aos poucos Célia foi se envolvendo com pessoas sem caráter e, paulatinamente tornou-se alvo dos mais desabonadores comentários possíveis. Cansado com os dissabores que a filha lhe trazia, seu velho pai decidiu acabar com aquela situação tão humilhante, não só para ele como também para as netas, Celina e Jacyra, que agora com dezesseis e quatorze anos, respectivamente, poderiam ser prejudicadas com a má conduta da mãe. Assim, embora sofrendo muito por ter de tomar tal decisão, convidou a filha a deixar a sua casa! Quanto às netas, ele acabaria de criá-las, da melhor maneira possível.

Célia foi morar com uma amiga, também não menos mal falada na pequena cidade.

Homem rude e intransigente, dotado de inabaláveis preceitos morais, Juvenal teve muitos problemas com a educação das netas. Célia sempre as deixava fazer o que bem entendessem. Jamais estabelecera horários para as meninas cumprirem, quando saíam com os amigos e nunca questionou sobre a conduta dos rapazes com quem as meninas frequentemente passeavam. Juvenal possuía grandes negócios ligados à pecuária e a agricultura.

Embora auferisse boas somas numerárias, não modificava o seu modo de vida, muito simples, valorizando as pequenas coisas e jamais abrindo mão de suas polpudas reservas financeiras.

Tanto era controlado em seus gastos que Célia resolvera trabalhar fora, para não depender, em nada, de seu pai.

Celina e Jacyra não se conformavam com o fato do avô não lhes franquear quanto dinheiro quisessem, como até então fizera Célia. E isso era motivo para grandes discussões entre o avô e as netas e só terminavam quando Juvenal empunhava a temida palmatória, que elas sabiam, não hesitaria em usá-la! Entretanto, ficavam cada vez mais revoltadas com ele...

O avô fazia o possível, ao seu modo, para manter as meninas no bom caminho mas a influência da mãe dificultava muito o alcance dos seus objetivos. Além do que, sendo as garotas já adolescentes, tinham os seus conceitos formados e os seus próprios valores, definidos, na verdade, pelos conceitos da mãe.

Em sua curta vida na crosta terrestre, pois Célia não permaneceu aqui além dos quarenta anos, muitas foram as suas tentativas de recomeçar uma vida ordeira e honrada. No entanto, invariavelmente, todas elas acabaram em litigiosas separações... Tentara recomeçar a vida com muitos cavalheiros. Vários deles muito respeitáveis, mas, por seu temperamento aventureiro e rebelde, nunca conseguira permanecer em companhia dos mais honrados. Os que a aceitavam, como ela era, também não permaneciam muito tempo ao seu lado, pois ela própria

comparava-os, intimamente, com Acir e partia da sua parte o pedido de separação.

Embora jamais tenha esquecido Acir, terminou os seus dias sem nunca procurá-lo. Desencarnou prematuramente, vitimada pelos excessos cometidos nesta terra...

Celina casou-se com um bom rapaz, pequeno comerciante, que tudo fazia para torná-la feliz. A sua vida correra relativamente bem, em agradável ambiente doméstico, cuja paz só era arranhada quando Celina se lembrava do pai, que a abandonara, juntamente com a irmã e a mãe.

Nunca se conformou com a ausência paterna em sua juventude e atribuía a Acir a culpa pelos erros cometidos por sua mãe e pelas filhas, onde ela se incluía. Nutria, por Vanilda, incontido rancor e durante toda a sua vida fez o possível para separá-la de seu pai!

Jacyra, por sua vez, nunca se casou. Mesmo solteira, teve três filhos, que foram criados por seus pais, sem a menor participação dela. Um deles era filho de um jovem pescador que, embora assumisse a paternidade, recusou-se a contrair matrimônio com ela. Os outros dois foram gerados com um caixeiro-viajante que se hospedava no hotel onde Jacyra trabalhava.

Homem viúvo, acabou levando os meninos para o Rio de Janeiro, onde residia, mas também recusou-se a recebê-la como esposa. Assim como Celina, Jacyra não se conformara, jamais, com o fato de ter sido abandonada pelo pai e atribuía a ele e a Vanilda a culpa por sua desdita.

# ACIR ERRA OUTRA VEZ!

A proliferação das indústrias, aliada à expansão da malha ferroviária e a proximidade com o porto, conferiam à cidade o título de uma das mais prósperas cidades brasileiras! Sua população crescia a cada dia com a chegada de pessoas de todas as partes que para ela se dirigiam em busca de fortuna fácil!

Os negócios de Moacir prosperavam... À medida em que aumentava o seu patrimônio, seus hábitos eram alterados, tornando-se ele menos caridoso e mais empresário. A clínica, com Acir, apresentava grande movimento e contava, agora, com a colaboração de outros profissionais da saúde, contratados principalmente no Rio de Janeiro.

Com a chegada de mais médicos, Acir menos se dedicava à sua profissão, passando a maior parte do seu tempo na fazendola que comprara para Vanilda. Casamento, entre eles, já não se cogitava mais! Embora tivessem amorosa vida em comum, talvez por capricho, agora Acir já não queria viver sob o mesmo teto com Vanilda. Mas passava, contudo, pelo menos a metade dos dias com ela.

Certo dia, quando terminava o saboroso almoço preparado por Vanilda, Acir foi procurado por um funcionário de Norberto que, agitado, pediu-lhe para comparecer à clínica! Lá, o aguardavam o cirurgião do hospital do Norberto, o capataz da fazenda dele um menino, de tenra idade, filho do capataz. A criança fora atingida, violentamente, por um coice de um cavalo que havia sido amarrado junto ao alpendre da casa sede, onde brincava o pequeno menino. A contusão, informara o pai, havia causado um afundamento de parte do rosto da criança! Tal era a gravidade do ferimento que o outro cirurgião pedia, encarecidamente, para que Acir realizasse o ato cirúrgico, pois conhecia a sua grande habilidade no manejo dos instrumentos e os seus aprofundados conhecimentos sobre as mais modernas técnicas cirúrgicas. Tudo já estava preparado, informava o outro médico. Só faltava a presença de Acir para realizar a intervenção...

Embora contasse com os mais avançados recursos da época, em sua clínica, por tratar-se do filho do capataz de Norberto, Acir recusou-se a operar!

Foi até a clínica, cedeu o seu bem equipado centro cirúrgico mas limitou-se a auxiliar o colega, instrumentando o ato, mas sem proferir qualquer comentário e muito menos recomendar esta ou aquela técnica!

O procedimento foi demorado e ao seu término Acir cumprimentou o colega pelo trabalho realizado. Garantiu que o garoto iria sobreviver e retirou-se, em seguida.

Naquela noite Acir não dormiu... Sua consciência começava a acusá-lo de omissão! Mesmo tendo cedido as modernas instalações de sua clínica e tendo ainda acompanhado a delicada intervenção, a sua conduta não fora correta... O próprio colega cirurgião reconhecia não ser a pessoa mais indicada para a realização da operação, tendo ao seu lado um dos mais famosos nomes da cirurgia! Ainda que bem executada, Acir sabia, em seu íntimo, que ele poderia ter realizado o trabalho ainda com maior perfeição, pois já efetuara dezenas de operações muito semelhantes e, talvez, até mais difíceis do que aquela... Agora – pensava – só restava esperar os resultados, já que o paciente não suportaria nova intervenção, em tão curto espaço de tempo! Assim, só restava esperar...

No dia seguinte, aos primeiros raios do sol, Acir chegava ao quarto onde o menino se recuperava, ao lado da mãe. Cumprimentou-a, constrito:

- Bom dia, mamãe! Como passou o seu filhinho?

- Acho que está bem, doutor... O outro médico foi embora há pouco mais de uma hora e disse que ele está reagindo bem!

- Ah! Se ele disse é porque está mesmo! – retrucou Acir, sorridente.

– Ele é um grande médico! – completou.

- Que bom, doutor, termos encontrado pessoas boas e competentes como os senhores, numa hora dessas! Se o meu filho morresse, eu morreria junto... Mas Deus há de recompensá-los, doutor! O que os senhores fizeram por nós, não há dinheiro que pague... Mas Deus, em sua infinita sabedoria, saberá recompensá-los, tenho certeza! – concluiu a mãe, com lágrimas nos olhos.

- Ora, minha senhora... Não fizemos mais do que a nossa obrigação! Além do que, quem salvou a vida do menino foi o doutor Edilmo, e não eu! Todo o mérito pertence a ele...

Aquele comovido agradecimento, proferido com tanta sinceridade pela humilde senhora, fora como um punhal que dilacerara o coração de Acir! Pela primeira vez ele culpava-se por um erro...

Nos últimos anos, ele tinha consciência, não vinha demonstrando muito interesse pelos pacientes, mas, ainda que não lhes dispensasse muita atenção, sempre executara corretamente o seu trabalho, não havendo nada, até aquele dia, que lhe pesasse na consciência... Agora, em seu entender, havia cometido o seu primeiro erro!

Embora julgasse ter falhado pela primeira vez, a bem da verdade devemos esclarecer que ele já errara antes... Ao formar-se "doutor em medicina", o homem precisa compreender que, abaixo de Deus, ele é o responsável pela manutenção da vida, pelo abrandamento da dor do semelhante e pela felicidade ou desventura, não só do paciente como também das pessoas que o amam...Ao ser procurado pelo enfermo, naquele momento, o médico torna-se, aos olhos do seu paciente, um emissário do Criador da Vida! Todas as suas queixas e esperanças são depositadas, humildemente, no médico! O paciente sente-se protegido diante da sua presença e espera por atenção e carinho, fatores importantíssimos ao processo de recuperação do corpo físico. Quando é maltratado ou simplesmente ignorado, o doente apaga, em sua mente, a imagem do sábio protetor, quase uma divindade que criara, involuntariamente, para o médico... E, não havendo confiança total do enfermo, os medicamentos prescritos não surtirão os efeitos desejados! Ao prescrever uma receita, além das drogas recomendadas, o médico também está manipulando grandes energias que nem mesmo seus experimentados olhos podem ver! Assim, ao formar-se em medicina, o homem precisa entender que, além de médico, é também um sacerdote! Durante toda a sua vida irá lidar com o que de mais precioso Deus colocou na Terra: Seus semelhantes! A responsabilidade é enorme e, se não for para exercer corretamente a profissão, melhor será não se formar!

Grande é o número de infelizes almas que ora sofrem por não conseguirem transpor os portais da Vida Maior! Almas que, quando encarnadas, tinham gente em suas mãos! Sacerdotes, políticos, médicos, professores, policiais... É muito grande o número desses profissionais que neste momento habitam as zonas umbralinas...

Quanto ao Acir, ainda não conseguia ver todos os seus erros... No seu entender, era a primeira vez em que errara!

Cerca de vinte dias após a cirurgia, o menino recebeu alta e Acir recomendou a sua mãe que, à partir dalí, os retornos para avaliação deveriam ser feitos quinzenalmente, mas no hospital do Norberto, onde seria examinado pelo Dr. Edilmo. A sua participação encerrava-se naquele momento.

# NORBERTO E OSMAR TORNAM-SE INIMIGOS...

A falta de experiência de Norberto e Osmar começava a refletir na estabilidade financeira do pequeno hospital. Embora apresentasse bons resultados quando era dirigido por Herculano, agora já necessitava de constantes injeções de capital para continuar funcionando. Herculano, além de ser médico, possuía muita experiência em administração hospitalar. Entretanto, os novos proprietários dependiam totalmente dos empregados que para eles administravam o nosocômio. A própria mão de obra especializada, como os médicos e a equipe de enfermagem já absorvia quase toda a receita, pois o Brasil ainda não possuía boas escolas médicas, o que obrigava os profissionais da medicina a participarem, frequentemente, de cursos de aperfeiçoamento e congressos realizados em países europeus. As custas eram repassadas aos empregadores ou diretamente aos pacientes. Enfim, era uma mão de obra caríssima!

Outras atividades paramédicas já eram ensinadas em bom nível, mas quase sempre de maneira intensiva, pelos próprios médicos que sentiam de perto, em seu dia-a-dia, as dificuldades em trabalhar com o auxílio de profissionais mal preparados para o exercício da profissão. Assim, tinham muita pressa em ensinar as melhores técnicas aos seus auxiliares.

Para dificultar ainda mais a situação de Norberto e Osmar, à respeito do hospital, Acir conseguira angariar para a sua clínica, o atendimento de todos os funcionários do Império, incluindo as tropas imperiais sediadas na cidade e em outras vilas da região. Valendo-se da sua amizade com o médico do Imperador, Dr. Bernardino, não lhe foi difícil conseguir esse trabalho oficial.

Com o passar dos meses, a sólida amizade reinante entre Norberto e Osmar começava a abalar-se... À medida em que as finanças apertavam, aumentavam as desconfianças entre eles. Não demorou muito para que a aliança se rompesse, voltando cada um deles, às suas atividades anteriores. Os seus negócios, no entanto, mostravam-se enfraquecidos devido às constantes retiradas de capital, para emprego no hospital, e também por falhas na administração, agora confiada a empregados despreparados, pois ambos permaneceram no novo empreendimento e poucas vezes compareciam aos seus antigos escritórios.

Assim, o hospital, quase falido, foi vendido por quantia irrisória a um médico do Rio de Janeiro. Se antes eram eles excelentes amigos, agora Norberto e Osmar já se odiavam!

No dia em que Norberto se retirava definitivamente da casa de saúde, desiludido com o empreendimento mal planejado e, ao mesmo tempo, irado pela perda de tanto dinheiro, ao pôr os pés na rua encontrou a irritante figura do seu seguidor, Lucas, que imediatamente perguntou:

- Já vai?

- Já vou, sua praga do inferno! Vá correndo dizer ao seu patrão que estou voltando ao meu jornal e que agora vou acabar com ele! Diga também ao Acir que sei muito bem o que ele foi fazer no Rio de Janeiro... Tirou-me o serviço do Império mas vou tirar-lhe, a qualquer custo, o que ele mais preza nesta vida! Se é que aquela peste preze alguma coisa... – esbravejou Norberto.

- Já vou, sim, senhor! – afirmou Lucas – Mas antes, diga-me onde o senhor vai para que eu possa encontrá-lo, quando voltar!

Bufando de ódio, Norberto proferiu uma série de impropérios!

Não encontrando Juventino, que viajara a sua cidade natal, Lucas procurou por Acir e transmitiu, na íntegra, o acintoso recado de Norberto.

- O doutor quer que eu leve alguma resposta? – questionou, solícito, Lucas.

- Oh, sim, meu caro Lucas... Diga ao Norberto que, como médico e desejoso de que ele se mantenha com boa saúde, recomendo que não se aproxime da moça!

- Da sua amante? – perguntou, ingenuamente, Lucas.

- Não, Lucas! Da minha namorada! – encabulado, esclareceu Acir.

- A Dona Vanilda tem doença que pega, é? – inquiriu o pobre moço.

- Não! Não está doente, Lucas... Dê o recado que ele vai entender! – completou Acir.

Sem nada entender, Lucas partiu, correndo, para cumprir sua missão.

Naquele mesmo dia Acir contratou dois homens para vigiarem a pequena fazenda de Vanilda, com ordens expressas de não permitirem a presença de Norberto ou de qualquer outra pessoa, nem sequer na estrada de acesso à porteira da entrada. Deveriam –recomendou Acir- expulsar qualquer um que se aproximasse, usando, para isso, qualquer artifício que se fizesse necessário!

Vanilda, temerosa por piores consequências, não aprovou a medida mas, por imposição de Acir, acabou aceitando a situação.

À partir desse episódio, os ânimos foram se esquentando entre Acir e Norberto. Se o seu relacionamento já era ruim, agora estava prestes a culminar em violência!

A exemplo de Norberto e da grande maioria dos homens da época, Acir passara a andar armado. E Norberto, quando bebia um pouco além do seu costume, propagava aos quatro ventos o seu rancor por Acir, por Juventino e agora, também por Osmar.

Enquanto esbravejava, nos botequins da cidade, mostrava, orgulhoso, a reluzente arma de fogo, alemã! Assustados, os demais frequentadores procuravam distanciar-se dele e, na primeira oportunidade, contavam sobre o que viram e ouviram aos três homens ameaçados.

Juventino, homem destemido mas inteligente, cada vez menos comparecia à cidade. Osmar, muito mais falante do que valente, contratara dois capangas que o acompanhavam o dia todo, por onde quer que ele andasse. Acir, homem frio e calculista, planejava todos os seus itinerários e variava, sempre, seus horários e caminhos, para evitar surpresa desagradável. Andava sempre só, porém, portando possante arma de fogo.

Rubens e Moacir faziam tudo que lhes era possível para acalmar os ânimos, desempenhando verdadeiras funções diplomáticas, com o intuito de acabar com aquela belicosa situação. No entanto, os seus esforços pareciam malograrem-se...

# O RETORNO DE NAZARETH

C om a saúde por demais debilitada, Nazareth já não deixava mais o leito. Rubens, filho extremamente carinhoso e dedicado à mãe, procurava impedir que as visitas relatassem os graves acontecimentos à sua velha mãezinha, que tanto se preocupava com a falta de harmonia entre os cidadãos que ela, na sua grande maioria, conhecia desde suas infâncias. E considerava-se, intimamente, como a matriarca de uma grande família, composta por eles todos!

Vanilda, incansável, dedicava muitas horas dos seus dias para fazer companhia a anciã, cuidando dela como se fosse a sua própria mãe. Não obstante a atenção que Acir lhe dispensava, cercando-a de cuidados médicos e valendo-se das mais avançadas drogas da época, acabou por curvar-se diante a vontade de Deus, que chamava Nazareth de volta à vida espiritual.

Desolado por estar prestes a perder tão estimada amiga, solicitou a Rubens para que o acompanhasse até o formoso jardim da casa e, constrito, informou:

- Meu amigo... Você precisa ser forte! Nada mais posso fazer... Dona Nazareth se vai a qualquer momento!

- Oh, Acir! Então é chegada a sua hora... – comentou, tristemente, Rubens.

- Lamento muito ter que confirmar... – asseverou Acir.

- Vamos orar, todos juntos, pedindo ao Pai Celestial para que permita aos espíritos superiores ajudarem-na no desencarne e que a recebam em sua companhia. – pediu Rubens.

- Rubens! Numa hora dessa você consegue orar? A mim, acostumado que sou a presenciar a morte, causa-me certa revolta para com os céus, ou não sei com quem, estes momentos de despedida que, invariavelmente só trazem desgraça aos seios familiares... E você vai orar? – comentou, triste e revoltado o médico.

- Não, meu caro, não é assim! – afirmou Rubens. – As despedidas sempre nos trazem sofrimento, é bem verdade...Mas você precisa entender que só ficamos sem a  presença do ente querido, que se vai, por muito pouco tempo! Logo estaremos vivendo juntos, porém, em lugar muito  melhor do que este! O desencarne apenas representa o cumprimento de um ciclo da vida e o início de outro, mais adiantado! É justo, pois, que choremos de saudade, mas jamais de revolta! A oportunidade de recomeçar a vida é uma dádiva de Deus! – concluiu Rubens.

Acir não conseguia entender como Rubens, que tanto amava a mãe, podia estar tão  conformado com a sua morte. Homem da ciência, embora não fosse ateu, alimentava uma série de ideias vagas e materialistas sobre o Criador da Vida, Deus.

- Professor Rubens! Acir! Dona Nazareth está chamando por vocês. – disse  Vanilda, entre abafados soluços e com os olhos inundados pelas lágrimas.

Percebendo a aproximação dos amigos, com voz fraca e pausada, disse Nazareth:

- Meus queridos filhos... Chegou o momento de eu partir! Não fosse a discórdia reinante entre o pessoal que tanto amo, eu partiria contente... Levo a mais grata  recordação de vocês, que tanto fizeram por mim e deixo minhas bênçãos a todos, extensivas aos filhos que não puderam comparecer, impedidos pela grande distância que nos separa. Rubens, continue na sua missão... Sua mãe biológica e meu esposo já estão aqui, para acompanhar-me na nova jornada e pedem para você continuar a obra iniciada! Agora preciso ir-me... Que Deus os abençoe!

Serenamente, Nazareth fechou os olhos e seu espírito elevou-se, radiante, à Vida Maior!

Rubens não escondeu as lágrimas que lhe afluíam, abundantes! Mas, intimamente, sabia que a sua mãezinha não morrera, mas sim, dera um passo a mais a caminho da evolução. E estava agora, um pouco mais perto de Deus, onde, um dia, iria encontrá-la para uma vida ainda mais feliz!

Acir, Vanilda e outras pessoas presentes, choravam copiosa-
mente...

# OS ENSINAMENTOS DE RUBENS

A os poucos, a vida de Rubens retornava à rotina anterior, alterando apenas o horário de regresso ao lar. Sua mãe sempre fizera questão de esperá-lo com saboroso jantar, preparado com as suas próprias mãos. Ele, por sua vez, jamais dispensava o prazer de fazer as refeições em companhia da sua querida mãe. Agora, já não contando com a sua presença, Rubens passara a frequentar a casa de Acir, onde quase sempre jantava e aproveitava a oportunidade de incutir as primeiras ideias espiritualistas na cabeça do médico. Prudentemente, Acir evitava dirigir-se, à noite, à casa de Vanilda, pois o caminho apresentava dois ou três capões de mato, ideais à realização de emboscadas. Quanto à Vanilda, não havia motivo para maiores preocupações com a sua segurança, uma vez que os guardas contratados mostravam muita eficiência, não permitindo a aproximação de quem quer que fosse, se não houvesse prévia autorização do casal.

Com o passar do tempo, Acir passou a interessar-se pelas pregações de Rubens e, quando a amigo não comparecia, sentia muito a sua falta e dedicava as últimas horas do dia para a leitura dos livros que o professor trouxera da França. Lentamente, o cirurgião mudava o seu comportamento! Já dedicava mais atenção aos seus pacientes, não se molestando em demasia, com as provocações de Norberto. E, a cada dia mais, julgava-se menos importante e mais falível... Sempre que surgiam oportunidades, procurava transmitir à Vanilda os ensinamentos ministrados por Rubens. Ela caladamente ouvia, mas, no íntimo, sentia dificuldade para aceitar tão revolucionária doutrina. Embora apreciando muito os princípios do amigo, Acir recusava-se a assumir a condição de "espírita", conforme dizia-se Rubens. Entretanto, ainda assim a sua conduta melhorava, sensivelmente, em função das palestras do amigo. Chegara ao ponto de clinicar gratuitamente, uma vez por semana, nos arredores da cidade, onde se encontrava a população mais pobre!

Se Acir mudava para melhor, evoluía, o mesmo não se podia dizer a respeito de Moacir... Com a melhora da sua situação financeira, chegando mesmo às portas da riqueza, passara a valorizar demais as suas aquisições materiais! A cada dia, menos se lembrava das obras sociais que tanto amara, nos tempos de dificuldades... Homem bom, por natureza, até então praticara a caridade, desinteressadamente. Agora, perante a possibilidade de reunir grande fortuna, tornou-se um verdadeiro escravo dos próprios negócios! Não lhe sobrava tempo sequer para uma palavra de conforto aos menos favorecidos pelos bens materiais, conforme fizera durante toda a sua juventude! Ávido por riqueza, embora não se tornando um mau homem, pecava, agora, pela omissão!

Preocupado com a conduta do amigo, Rubens procurava trazê-lo de volta ao caminho do dever cristão, interpelando-o, em tom amigável, todas as vezes que o encontrava:

- Moacir! Sermos bons e afáveis para com os parentes consanguíneos e dependentes, ou para com os serviçais mais próximos, às vistas do Divino Criador, não é o bastante... Se a nossa reserva de bondade distingue-nos com limites bem mais extensos, a obrigação da caridade pura deve estender-se a uma ação maior, tanto quanto o limite das nossas possibilidades.

O valor da sua oferta está na proporção das suas possibilidades! – relembrava, frequentemente, o professor.

E assim, embora sob um clima tenso, a vida do grupo prosseguia...

# A REDENÇÃO DE ACIR

Com o hospital em novas mãos, Acir passara a realizar uma ou outra cirurgia nas suas instalações, quando era solicitado pelos seus novos proprietários.
Certa manhã, quando atravessava o salão da recepção, foi interpelado por uma senhora que, com o filho nos braços, emocionada, chamou-o pelo nome:
- Dr. Acir... Dr. Acir!
Após beijar, agradecida, as mãos do médico, disse, emocionada:
-     Veja a criança que o senhor salvou! Meu filho!
Não se lembrando de ter atendido aquele menino, encabulado, Acir pediu licença aos colegas que haviam se aproximado e convidou a senhora a acompanhá-lo até a biblioteca. Queria inteirar-se sobre o caso... Surpreso, foi informado de tratar-se do menino operado na sua clínica, pelo Dr. Edilmo, há meses atrás, vitimado por um coice de cavalo. Arrependido pela sua omissão, naquele dia, tentou explicar à mãe que não fora ele quem fizera a operação... Mas, em vão! A senhora, entre lágrimas, agradecia sem cessar!
- Obrigada, doutor! Benditas sejam as suas hábeis mãos! Que Deus retribua, em dobro, o bem que o senhor nos fez!
Desajeitado, sem saber o que dizer, Acir observou que os olhos do pequeno paciente não apresentavam os movimentos sincronizados entre si. O globo ocular esquerdo tinha, ainda, estranho brilho e a pupila não reagia à presença de mais ou de menos luz. Sem deixar transparecer a sua preocupação, o médico pediu à mãe que colocasse a criança sobre o divã, na sala ao lado e que o deixasse só com o menino, para um novo exame. Após alguns testes, profundamente deprimido, constatou que o garoto perdera a

visão pelo olho esquerdo!

Dada a tenra idade da criança, que ainda não falava, seus pais não haviam percebido aquela deficiência! Acalentando imenso sentimento de culpa, Acir cancelou a cirurgia que iria realizar e encaminhou a criança ao Rio de Janeiro, onde ela deveria ser atendida por um grande amigo seu, profundo conhecedor dos problemas de visão. Naquela época ainda não havia médico com residência ou especialista em oftalmologia.

Mergulhado em arrependimentos, Acir não trabalhou naquele dia e ingeriu uma garrafa de conhaque... Na verdade, ele não tinha a certeza de que poderia ter evitado a sequela, pois o traumatismo fora muito grande, mas mesmo assim a sua consciência o acusava por não ter tentado... Durante o procedimento cirúrgico, ele lembrava, havia se preocupado com possíveis lesões de maior monta, inclusive com descolamento da retina ou rompimento da enervação ótica mas, infelizmente, não alertara o seu colega sobre a necessidade da realização de manobras exploratórias. Se na época em que fora realizada a cirurgia já não fosse fácil obter êxito na reconstituição daquela região, pior seria tentar agora, com os tecidos já cicatrizados e com a vascularização comprometida devido a presença de partes necrosadas.

Este fato foi, sem dúvida, o mais negro marco na trajetória de Acir por este plano físico e, segundo os ensinamentos de Rubens, o faria pedir a Deus para voltar, em encarnação futura, para corrigir o seu erro, por imposição da sua própria consciência!

Sobre a consciência, Rubens sempre repetia:

- A consciência de cada um é a própria voz de Deus a alertá-lo sobre os perigos! Ela se modifica sob a nossa liberdade de ações, porém, será o nosso juiz, por ocasião do nosso desencarne e os seus conceitos de julgamento serão soberanos! Nós somos senhores dos nossos atos! – completava, com veemência, o professor.

Ao Dr. Edilmo – pensava Acir – não cabia qualquer culpa, pois mesmo não reunindo todos os conhecimentos técnicos, pelo menos fizera a tentativa de salvar a vida da criança, o que conseguira, enquanto ele, que possuía muito mais experiência em operações daquele tipo, simplesmente se omitira, recusando-se a tentar!

Hoje sabemos que, dados os parcos recursos daquela época, aliados à falta de  conhecimentos específicos, mesmo se operado
fosse por Acir, o menino teria a visão perdida. Entretanto, somos
julgados por nossa própria consciência... E a de Acir o condenou!

# RUBENS PREGA A REENCARNAÇÃO

Amigos! – repetia, incansavelmente Rubens – Vocês são pais extremosos e justos! Já admitem a existência de Deus... Têm fé e tantas vezes foram atendidos, em suas súplicas.

Muitos de vocês têm vários filhos, pelos quais nutrem extremado amor! Sem distinção, do primeiro ao último deles... Vocês os beneficiam, sempre que podem, de tudo que lhes facilite a vida: do pão aos menores caprichos e necessidades. Vocês os amam, com justiça e igualdade! Certo é que, às vezes, os mais teimosos necessitam de alguns corretivos para que voltem à trilha do bom procedimento. Mas vocês lhes fazem justiça! Dividem o seu carinho, suas bênçãos e as suas posses, com toda a imparcialidade, para que eles não se queixem contra vocês. São, portanto, pais atentos, justos e suaves...Para com todos eles, indistintamente! Pergunto, agora: - Vocês se julgam superiores a Deus? É claro que não... Mas estabelecem, através das suas obstinações, uma desigualdade entre as suas justiças e a justiça sublime de Deus! Convictos de que só teremos uma única vida encarnada e que dela sairemos para o céu ou para o inferno, vocês estabelecem que somos criados já com os destinos traçados e imutáveis! Mas, se a vida é única e nascemos com tantas desigualdades, irreversíveis, sob tamanhas diferenças de sorte, como por exemplo, cego, surdo, mudo, rico, pobre, etc., diante dessas distinções todas, sem uma explicação justa, Deus, nosso pai e criador, seria injusto! Então, se vocês não fazem distinções aos seus filhos, por que Deus, em sua infinita sabedoria, as faria? Quando um de seus filhos erra, vocês não lhe negam a oportunidade de recuperar-se, oferecendo-lhe nova oportunidade para redimir-se do seu erro, não é mesmo? E Deus? Não nos ofereceria ,indistintamente, novas oportunidades, através de novas encarnações, para que possamos, também, nos redimir de nossas faltas? – Amigos! Concluindo nosso pensamento: Não há castigos eternos, como não há graça de recebermos o céu sem que o mereçamos! Há, isto sim, a casa de nosso Pai Celestial, de onde saímos e, cedo ou tarde, voltaremos a ela e seremos recebidos com o mesmo amor que Deus reserva ao justo e ao arrependido! –

E, com essas palavras, o Prof. Rubens encerrava a sua tese, deixando em todos, senão a crença renovada e pura, uma interrogação, requerendo resposta futura ou uma pequena luz, brilhante, nas curvas da longa estrada!

# A PRIMEIRA EMBOSCADA

Com a proliferação das indústrias, pessoas de todas as partes, muitas delas aventureiras, afluíam à cidade. A vida, antes pacata e ordeira, apresentava, agora, a agitação de um grande centro urbano. A lavoura quase deixara de existir na região. Todos os interesses eram voltados à indústria, visando um enriquecimento rápido. A expansão da rede ferroviária contribuía muito para a expansão da metrópole. A interligação com o porto de Santos, por via carroçável, propiciava um escoamento relativamente fácil dos produtos de exportação. Assim, juntamente com o progresso, alguns problemas também advinham, principalmente devido à uma infraestrutura fraca, que não acompanhara o rápido desenvolvimento da região. Com o elevado número de novos habitantes, desconhecidos, os antigos moradores já não tinham a mesma tranquilidade de outrora, pois alguns delitos já aconteciam na cidade que antes fora tão pacata.

Certo dia, enquanto realizava pequeno procedimento cirúrgico, Acir foi procurado por um homem desconhecido que, quase aos gritos, pedia à recepção que chamasse imediatamente o médico. Alegava haver uma pessoa seriamente ferida e sem condição de ser removida até a clínica, pois não dispunham de qualquer meio de transporte.

Por tratar-se de fato corriqueiro, Acir mandou um jovem médico, seu assistente, atender ao chamado. Prontamente, o rapaz acompanhou o desconhecido, montando o arisco cavalo trazido pelo mesmo.

Assim que saíram, o médico solicitou detalhes sobre o acidente e observou, pelas explanações do seu acompanhante, que ele o chamava pelo nome de Acir! Dada a urgência do caso, não deu importância ao engano e sugeriu que apressassem as montarias, pois o caso parecia ser de bastante gravidade. Seguiram a galope até um pequeno capão de mato onde, repentinamente, o homem fez o cavalo parar bruscamente e, num rápido movimento, sacou reluzente arma-de-fogo que trazia sob a camisa, apontando-a ao peito do jovem operador!

Talvez movido apenas por reflexo, ainda que fosse hábil cavaleiro, pois fora criado nos pampas gaúchos, o médico golpeou fortemente o abdome do animal, com os calcanhares, lançando-o de encontro à montaria do agressor. Não esperando a reação, o homem desequilibrou–se na sela e por pouco não foi ao solo. Ainda tentando ajeitar-se sobre o dorso do animal, disparou dois tiros!

Um dos projéteis alojou-se no pé esquerdo do assustado moço e o outro perdeu-se por entre as árvores. Antes que o seu antagonista tivesse tempo para recarregar a arma de apenas dois tiros, o médico sacou a sua pequena garrucha inglesa e desferiu um tiro por sobre a cabeça do agressor que, desesperadamente, fugiu em desabalada carreira!

Não havendo maior gravidade em seu ferimento, o rapaz retornou, apressado, à clínica.

Informado sobre o ocorrido, Acir dirigiu-se imediatamente ao escritório de Norberto. Não o encontrando, disparou sua arma contra o belo lustre de cristal que havia, pendurado, quase sobre a escrivaninha de Wanda. Tomada pela surpresa, Wanda quase perdeu os sentidos e, com grande dificuldade, conseguiu alcançar a rua onde, apavorada, pôs-se a gritar:

- O Dr. Acir enlouqueceu! O Dr. Acir enlouqueceu!

- Conhecido como era, não foi difícil a Acir convencer os transeuntes de que tudo estava bem!

Após esse incidente, Acir reforçou o seu esquema de segurança com a contratação de mais alguns homens e, por mais que esperasse, Norberto não se manifestou sobre o caso... Não dando e nem pedindo explicações! Essa sua atitude passiva reforçava a certeza de Acir de que ele havia sido o mandante do atentado.

Ciente da difícil situação na cidade, Juventino decidiu não aparecer mais por lá e passou a publicar os seus trabalhos em jornais do norte do país e, esporadicamente, em periódicos de Lisboa. Com a vida menos agitada, dedicou mais tempo à literatura e, entre um e outro livro que escrevia, acabou fundando o seu próprio jornal. Muito raramente correspondia-se com os poucos amigos que deixara na cidade e, alguns anos depois, deles só guardava uma grata lembrança! Mais tarde, transferiu residência para Lisboa, onde viveu até o final dos seus dias...

# RENOVA-SE A POPULAÇÃO DA CIDADE...

Incentivada por Fabiana, Vanilda passou a pressionar o namorado para transferirem residência para o Rio de Janeiro, onde a amiga e Herculano viviam muito felizes e em segurança.

A presença do Imperador na cidade conferia a ela uma série de benfeitorias que, tão cedo, não alcançariam outros centros urbanos. No entanto, por mais que ela insistisse, Acir recusava-se a atendê-la. Mesmo assim, o tema era frequentemente ventilado nas suas conversações:

- Acir! Vamos embora deste lugar...Você já tem bastante recurso para estabelecer-se no Rio, onde conta, ainda, com a amizade do Dr. Bernardino, que tanta influência tem no Império... Podemos viver mais seguros, lá! – insistia Vanilda.

- Ora, minha querida noivinha! Sempre me esforcei no sentido de realizar todos os seus desejos... Mas o meu lugar é aqui, Vanilda! A clínica está com excelente clientela e o povo confia muito no meu trabalho! Além disso, você sabe que prefiro as cidades menos movimentadas... Com a Corte sediada lá, o Rio já não é a mesma...

- Mas aqui você corre risco de vida! A qualquer momento os capangas do Norberto podem acabar com você!

- Não se preocupe com isso, minha querida! Não temo o Norberto... Qualquer dia destes o infeliz pode precisar dos meus préstimos... Aí, eu é que acabarei com ele! – brincava Acir, sorridente.

- Acir, meu adorável teimoso! Faço-lhe uma promessa: se algum dia você atender o meu pedido e decidir mudar-se para lá, prometo que passarei a viver com você, sob o mesmo teto!

Vanilda sabia que o namorado sempre acalentara o sonho de casar-se com ela...Mas, subestimando a maldade alheia, a moça não sabia que as más línguas eram tão impiedosas para com a sua pessoa, pela condição de tentar omitir o seu relacionamento com o médico!

Na verdade, a cidade toda já sabia do caso que ela, ingenuamente, procurava ocultar. Por mais que insistisse, Acir não conseguia convencê-la de que seria muito melhor assumirem publicamente o romance, passando, de uma vez, a morarem juntos, deixando aquela condição de namorados! – O povo não teria mais do que falar! – pensava ele, com razão. Às vezes, intimamente Acir questionava se ela já não seria casada, lá no sul, de onde viera e de onde tanto evitava falar...

À guisa de esclarecimento, devemos ressaltar que Acir só foi informado sobre o desencarne de Célia cerca de dez anos após o seu passamento... Portanto, mesmo sem saber que, de fato, poderia oficializar o seu casamento com Vanilda, pois a condição de viúvo lhe conferia esse direito, Acir pensava em um "casamento" às margens da lei! Quando a notícia do passamento de Célia chegou até a cidade, Acir e Vanilda já mantinham um relacionamento sério, há vários anos... Entretanto, em seu íntimo, ele próprio já não desejava mais oficializar o seu relacionamento com Vanilda, às vistas da lei, pois achava que ela já devia ser casada... E o fato de não lhe revelar essa situação, magoava-o profundamente.

Não obstante os constantes pedidos de Vanilda para que se mudassem para o Rio, o casal não deixou, jamais a cidade, ora já tão mal vista por Vanilda.

Frequentemente ela ia visitar Fabiana, na sede do Império, e lá passava longas temporadas...

Mas nunca realizou o seu sonho, de lá residir, em companhia de Acir...

Se, para boa parte dos habitantes, a cidade era pequena demais, para outros, no entanto, o progresso já trazia descontentamento e, aos poucos, os mais conservadores iam transferindo-se para outras cidades ainda menores, que iam surgindo pelo interior do Brasil. A proliferação das primitivas indústrias atraia, de fato, pessoas de todas as partes da nação... E, entre elas, às vezes vinham aventureiros que muitos transtornos causavam à, até então, pacata cidade!

Assim, mesmo com a saída de muitos habitantes, a chegada de novos, por ser bem maior em quantidade, fazia com que se renovasse e aumentasse, rapidamente, a população.

Para Vanilda, lá já não apresentava qualquer atrativo... Além de não contar com a presença da grande amiga, Fabiana, vivia isolada na pequena fazenda e sempre preocupada com a segurança de Acir. Em algumas tentativas que fizera de andar pela cidade sem a companhia dos seus seguranças, contratados pelo Acir, fora assediada por Norberto que, talvez para vingar-se do médico, dirigira-lhe deselegantes gracejos, que ela, prudentemente, jamais contara ao namorado, pois conhecia o seu temperamento explosivo e, com certeza, ele iria procurar por seu antagonista, para tirar satisfações, e isso culminaria, fatalmente, em grande tragédia! Assim, passara a viver entediosos dias, limitando-se a apenas um passeio semanal, com Acir, e ainda com a companhia, sempre por perto, dos homens que lhes forneciam a segurança.

As milícias da cidade ocupavam-se com as constantes desordens que, aos poucos, passavam a fazer parte do dia-a-dia da cidade, que vinha num crescimento muito rápido e ocupavam todo o seu tempo.

Pressionado por Deolinda, Osmar também mudara-se e estabelecera-se em outro centro, como atacadista de tecidos e de vários outros artigos importados. Não deixaram muitos amigos e nunca mais mandaram notícias... No entanto, era fato sabido que Osmar mudara-se levando consigo grande sentimento de rancor para com Norberto, seu antigo sócio no hospital.

Lucas, sentindo-se desamparado com a ausência de Juventino, aproximara-se mais de Acir e de Rubens e, após o longo tratamento que lhe ministrara o médico, livrou, definitivamente, do etilismo. Nunca mais fora visto embriagado!

Admitido por Rubens, para as funções de zelador da chácara, revelou-se ótimo auxiliar do professor e passou a ser grande colaborador das obras assistenciais realizadas pelo patrão.

Embora recuperado do hábito da embriaguez, nunca deixara, em todas as manhãs, quando Rubens se preparava para deixar a bela

chácara, de questionar o patrão com o característico e sonoro "
– Já vai?". Quando entusiasmava-se com alguma coisa, também
proferia ensaiados discursos, agora já não mais contundentes, mas
de elogio às pessoas de quem gostava!

Moacir, agora possuidor de grande fortuna, dedicou o resto da sua
vida a administrar os seus inúmeros negócios, reservando, contudo, especial atenção às fazendas que, a cada ano, em maior
número se apresentavam. Embora revestisse todos os seus atos
com esmerada justiça, abdicou das obras sociais que realizava
quando a sorte ainda não lhe havia sorrido...

Quando não possuía tantos bens materiais, esforçava-se por
abrandar os sofrimentos de todos os necessitados que o procuravam. Agora, na nova condição de próspero homem de negócios,
resumia as suas melhores ações em oferecer confortável moradia e bom salário aos seus servidores. Não mais demonstrava
qualquer preocupação com os pobres que não se incluíam na feliz
condição de seus empregados... A sua mudança causava grande
tristeza ao amigo Rubens que, cada vez mais dedicado à doutrina
que abraçara, não perdia as oportunidades que lhe surgiam, na
tentativa de resgatar o desorientado espírito cristão do amigo.
Dizia-lhe sempre:

- Moacir, meu amigo... Você que, ao atravessar a sua pior crise
financeira, há alguns poucos anos atrás, nunca deixou de contar com a farta mesa... Verdadeiros banquetes, caprichosamente
preparados por Constância, com a confortável residência, em cuja
lareira você se aquecia, nas noites de inverno, com os dedicados
serviçais que se esforçavam em realizar as mais duras tarefas, para
que você não as fizesse! Com tanto conforto e, mesmo assim, você
se queixava da sorte... O que dizer, então, dos verdadeiros necessitados, que mal podem alimentar os filhos? Como pode ter mudado tanto, meu amigo?

- Ora, Rubens! Eu trabalho duro para conseguir tal conforto... E
também, pago muito bem aos meus empregados! – justificava,
sempre, Moacir.

- Isso não basta! – retrucava Rubens. – Você tem condição de fazer
muito mais! Principalmente para os que não têm a felicidade de

trabalhar em suas fazendas...

- Meu caro amigo, a vida é assim mesmo... É como lhe digo sempre: "Dai a César o que é de César..." – dizia Moacir, constrangido com as observações de Rubens.

- E "Dai a Deus o que é de Deus!" – completava Rubens. – Meu caro Moacir... Entenda que as coisas materiais, a fortuna, podem, de fato, serem de César... Mas o espírito, que é o único bem com que você vai se apresentar um dia, à Vida Maior, este é de Deus! E desta forma, meu caro amigo, só levamos as lembranças, das coisas boas e também das ruins, que fizemos... E são essas lembranças que nos determinam seguir avante, no caminho da evolução, para nos aproximarmos de Deus ou, ao invés, retornar à crosta terrestre para recomeçar, tudo, novamente! Como um aluno incapaz que, ao final do ano, necessita recomeçar o mesmo estágio, perdendo tempo precioso, enquanto os seus colegas, aplicados, encaminham-se ao estágio superior! – completava Rubens, preocupado com a conduta do amigo.

- Então, o amigo afirma que terei que voltar à esta vida e recomeçar tudo outra vez? - inquiria Moacir.

- Certamente! – respondia Rubens. – Todos nós voltamos! Inúmeras vezes... Porém, dispostos a não cometer os mesmos erros. E, para certificarmo-nos de que não os repetiremos, pedimos a Deus que nos prive das condições que nos atrasaram o caminho e que nos dê a força necessária para vencer os obstáculos que, na encarnação passada, não conseguimos transpor. Assim, meu amigo, provavelmente você retornará muito pobre, pois as suas ações eram muito mais nobres antes de conseguir a fortuna!

Sentindo-se um pouco culpado, Moacir procurava mudar de assunto...

# A SEGUNDA EMBOSCADA...

Após belo dia ensolarado, o astro-rei punha-se, finalmente, por trás da colina que, em forma de um semicírculo, cercava a cidade... Como se fosse gigantesca muralha de pedra a guarnecer a pequena metrópole! Sua luz, vermelho alaranjada, dava um pitoresco toque à camada de nuvens que começava a anunciar a chegada da chuva que, provavelmente, irrigaria a região, no dia seguinte.

Acompanhado por dois serviçais, prestadores de segurança, Acir contemplava o belo espetáculo oferecido pela natureza, enquanto o seu trole seguia, maciamente, pela estrada que ligava a cidade à fazenda de Vanilda. Distraído, observava as curiosas figuras formadas pelas avermelhadas nuvens, até que, repentinamente, o cocheiro deteve o belo cavalo.

- Dr. Acir! – chamou o homem. – Há um pobre coitado estirado ao chão! E parece estar com muitas dores, pois comprime o peito com as mãos e se contorce todo...O senhor vai socorrê-lo ou devo seguir avante?

- Vou vê-lo, sim! – informou Acir. – Estava tão distraído que não o havia notado...

Mal Acir colocou os pés no chão, cinco homens saíram, abruptamente, da espessa vegetação que circundava a estrada, naquele ponto! Rapidamente, ao médico e aos seus acompanhantes! Enquanto mantinham os assustados viajantes sob as miras das suas armas de fogo, um sexto homem, de avantajado porte físico, também saiu da vegetação e se aproximou do grupo! Não obstante a enfraquecida luz crepuscular, Acir não tardou por reconhecê-lo: era Norberto!

Empunhando uma enorme garrucha prateada, sorridente,

cumprimentou a todos:

- Belo trabalho, meus jovens... Belo trabalho! Vocês mostraram que realmente são profissionais! – E você, doutorzinho! Vai visitar a sua joia rara? Pois vou poupar-lhe o trabalho... Mandarei buscá-la! Afinal, estamos tão perto da sua casa... – completou Norberto, com sarcástico sorriso nos lábios.

- Não tente aproximar-se dela, se você tem amor à sua própria vida! – disse Acir, quase aos gritos.

- Oh! Que medo... O cavalheiro é tão valente...Vocês ouviram isso? – dirigindo-se, às gargalhadas, aos mal-encarados comparsas. – Mas não tema... Não vamos fazer mal à moça!

À seguir, ordenou aos capangas que fossem buscar Vanilda, levando consigo os dois homens que acompanhavam Acir e – recomendou ainda – que se livrassem deles, pelo caminho!

- Usem-nos para facilitar o acesso à casa! Depois, façam o que devem, com os dois... Se preferirem, utilizem as suas próprias técnicas! – ordenou Norberto, sempre sorridente.– Mas não se esqueçam que há mais dois guardando a bela princesa! – completou.

Ameaçados de morte, os dois empregados de Acir optaram por salvar as suas próprias vidas... Decidiram engambelar os guardiões de Vanilda, enquanto os pistoleiros de Norberto se escondiam, próximo à porteira de entrada, alegando estarem ali a mando do médico.

Por já serem conhecidos dos dois guardas da casa, não foi difícil distrair as suas atenções, para que fossem também rendidos pelo grupo de Norberto, já de arma em punho. Ocultando-se por trás dos grossos troncos das paineiras, que formavam uma alameda desde a porteira até ao alpendre da casa, não encontraram dificuldades em esconderem-se, até aquele momento.

Acir, sob a mira da arma de Norberto, sentia-se incompetente para tentar qualquer reação...

Havia necessidade – pensava ele – de procurar distrair a atenção do antagonista para, ao seu menor deslize, esboçar alguma reação. Desesperadamente, tentou o diálogo:

- Norberto, você está louco! É um homem de negócios...Tem propriedades na região! Não poderá viver aqui, se me matar! E, se não for embora agora, terá que acabar comigo, pois não permitirei que toque em um só fio de cabelo de Vanilda!

- Ora, Acir! Como você é ingênuo... É claro que vamos acabar com vocês todos...Mas as milícias do Imperador vão acreditar que os desordeiros que hoje infestam a região atacaram a fazenda! Eles têm feito isso, ultimamente... Quando encontrarem a casa toda revirada, acreditarão que você e Vanilda foram pegos de surpresa, pelo grupo de ladrões que andam tirando a paz da população... Só isso! – concluiu Norberto, com insano brilho nos olhos.

- E os meus homens? Você não acha que eles irão denunciá-lo? – perguntou Acir, ainda tentando fazer Norberto distrair-se com o diálogo, para que ele pudesse reagir.

- Meu caro Acir! Você é mesmo muito ingênuo... Seus homens, ou melhor, o que sobrar deles, jamais serão encontrados! – ameaçou Norberto, transloucado.

- Mas por que trazer Vanilda? – indagou, ofegante, o médico.

- Apenas por um capricho meu! Quero que você a veja implorar pela vida! E, quem sabe, até aceitar o meu amor! – afirmou Norberto, visivelmente perturbado e demostrando sarcástica euforia.

Percebendo que não havia mais qualquer possibilidade de resolver a delicada situação de modo mais brando, Acir atirou-se violentamente contra Norberto e, repentinamente, ouviu o forte estampido de um tiro... A arma disparara durante a luta corporal em que se engalfinharam e o projétil alojou-se na coxa direita de Acir, logo acima do joelho. Julgando a situação irreversível, mesmo ferido, o médico não desistiu da luta e, alguns segundos após o primeiro disparo, novamente a arma detonou... E, à queima-roupa, Norberto recebeu o tiro no peito!

Desesperado por ver Vanilda, temendo por sua integridade física, Acir desvencilhou-se dos braços do inimigo e, ensanguentado, apressou-se em deixar a estrada para ocultar-se no mato. Tentaria surpreender os agressores da moça, que já deveriam estar chegando. Ouviu Norberto proferir, agonizante, as suas últimas palavras:

- Acir... Esta você venceu! Mas, voltaremos a nos encontrar... Um dia! – e fechou os olhos, encerrando, naquele momento, a sua jornada por este plano físico.

Em seguida, os homens chegaram, trazendo Vanilda quase que arrastada. Vendo o corpo de Norberto, assustaram-se, pois não sabiam o que tinha acontecido, resolveram deixá-la e embrenharam-se na mata, em desabalada carreira! Acir, de arma em punho, ainda pode ouvi-los dizer, apressadamente, que o melhor seria desaparecer dali, pois algo havia saído errado e todos sabiam sobre a influência que Acir exercia nas tropas do Imperador, a quem atendia na sua clínica. E nunca mais foram vistos...

Vanilda, vertendo copioso pranto, improvisou um torniquete na coxa do amado, valendo-se, para isso, do seu cinto de couro. E perguntou, com rouca e trêmula voz:

- Oh, Acir... Você precisou matá-lo?

- Não, minha querida! Não fui eu quem o matou... A sua própria arma disparou durante o nosso confronto físico e acertou o seu próprio peito...

Acir quis saber à respeito dos empregados e a moça informou que estavam amarrados na varanda da sua casa. Felizmente, todos estavam vivos!

Aliviado, o médico fez questão de chegar à fazenda. Após soltar os serviçais, dirigiu-se, com eles, além de Vanilda, à clínica, para receber o tratamento necessário.

Este episódio encerra o período de divergências, antagonismos e sofrimento a que se submeteram os habitantes da cidade, cujas vidas propusemo-nos a relatar, suscintamente.

Vitimados por seu orgulho, pelas paixões desenfreadas e por desmedida ganância, essas infelizes pessoas tanto sofreram e tanto fizeram sofrer! Se houvesse, em seus corações, um pouquinho de humildade, uma migalha de amor ao próximo e ainda um diminuto interesse em seguir os sagrados ensinamentos deixados por Nosso Senhor Jesus Cristo, as suas vidas teriam sido muito mais amenas! E não teriam se imposto, futuramente, as duras penas que tanto os afligiram na encarnação posterior! Mas, por sua condição de seres racionais, senhores das suas próprias consciências, escolheram os seus destinos... E arcaram com as suas in-

ANTONIO CARLOS TEIXEIRA FRANCO

# felizes consequências!

# A PAZ VOLTA REINAR...

Informadas sobre o incidente que culminara com o desencarne de Norberto, as autoridades não hesitaram em inocentar Acir e, finalmente, a paz voltou a reinar!

Embora continuasse a viver na fazenda, Vanilda já podia transitar, despreocupadamente, pela cidade e, para passar o tempo, recomeçara a lecionar piano.

Acir, profundamente mudado em função de tantos dissabores, chegara à conclusão de que não valia a pena irritar-se com pequenos problemas do dia-a-dia e tornara-se um homem muito mais feliz! A sua felicidade só não era totalmente completa devido à lembrança do episódio ocorrido com o menino que levara o coice e ele, erradamente, recusara-se a atendê-lo pessoalmente. No mais, tudo corria às mil maravilhas e ele já passeava com Vanilda pelas cercanias da cidade, frequentava o teatro e, de vez em quando, levava a namorada aos bailes promovidos pela alta sociedade, não se importando em aparecer em público com a amada e ela, por sua vez, também já não se preocupava com isso. Dessa forma, aos poucos, as más línguas iam deixando de tecer os pejorativos comentários que antes tanto atormentara o casa, principalmente a Vanilda.

Rubens, embora muito feliz pelo fim das desavenças, vinha apresentando alguns problemas com a sua saúde. Ao menor esforço físico, doía-lhe o peito e faltava-lhe o ar. Mesmo assim, prosseguia com as suas beneméritas obras sociais. Todas as vezes em que Acir o alertava sobre certos cuidados que deveria tomar com a sua saúde, sorrindo afirmava que não havia motivo para preocupação, pois "sendo ele a imagem e semelhança de Deus", conforme ensinam as Sagradas Escrituras, assim como o Pai, ele também era imortal! No máximo – afirmava ele – deixaria o cansado corpo físico e iria viver, rejuvenescido, ao lado da sua saudosa mãezinha, muito mais perto do Criador! Como médico, Acir não concordava com essa resignação à enfermidade, mas, como homem, admirava tanto otimismo e confiança!

Embora apreciasse muito a doutrina de Rubens e não perdesse sequer uma das reuniões "espíritas" promovida pelo amigo, ainda custava-lhe um pouco aceitar tão facilmente o iminente desencarne do estimado companheiro que, à luz da ciência, ele sabia não tardar a acontecer.

Para dirigir os negócios deixados por Norberto, Gabriel, seu único sobrinho, foi chamado por Wanda. Atendendo ao pedido da fiel secretária do seu falecido tio, o rapaz mudou-se para a cidade e assumiu o controle do patrimônio. Ainda que fosse muito jovem, Gabriel reunia as condições necessárias à missão, pois formara-se em excelente escola superior da cidade do Porto, em Portugal, onde vivera por cerca de sete anos.

Mostrando ser uma pessoa honesta e justa, não demorou muito para entrar em choque com Wanda que, a qualquer custo, queria que o moço administrasse os negócios do seu ex-patrão como sempre fora feito por ele próprio. Não havendo a concordância de Gabriel, Wanda demitiu-se do emprego e, embora tenha sido dela a iniciativa de desligar-se dos empreendimentos deixados por Norberto, Gabriel indenizou-a com vultosa soma em dinheiro. Um mês após o seu desligamento da empresa, Wanda mudou-se para o Rio de Janeiro e nunca mais voltou à sua cidade natal.

Muito comunicativo, em pouco tempo Gabriel fez-se amigo de todos, até mesmo do pobre Lucas, com quem sorvia, esporadicamente, uns tragos! Mas, enquanto Gabriel tomava conhaque francês, Lucas, recuperado do alcoolismo, tomava leite.

Acir, Vanilda e Rubens travaram excelente amizade com o simpático e bem-humorado rapaz!

Aos poucos, a vida retornava à rotina...Com o aumento excessivo da população, que para lá afluíra motivada pelas novas possibilidades de enriquecimento, devido a proliferação das indústrias e do comércio, não tardou também que começasse a faltar empregos e habitações. E assim, os forasteiros também iam, aos poucos, retornando às suas origens ou buscando novas plagas para tentarem melhorar seus padrões de vida! Com o êxodo que se iniciara, também diminuíram as desordens. Assim, os nativos da região voltavam a ter paz, vivendo mais sossegadamente, readquirindo o hábito de passear a pé pelas ruas e a apreciar o espetáculo do pôr do Sol, nos finais das tardes. A velha "bandinha" municipal, pejorativamente alcunhada por Juventino como "A Furiosa", ainda nos tempos em que ele frequentava a cidade, voltara a fazer as suas apresentações, tão admiradas pelos antigos cidadãos.

Rubens perguntava-se, intimamente, se todos aqueles tristes episódios teriam acontecido se não houvessem as famigeradas crônicas de Juventino, que tanto acirravam os ânimos... Mas o que importava agora era esquecer os fatos desagradáveis do passado e aproveitar os bons tempos, agora vividos! – concluía, mentalmente, o professor.

Saboreando o tão apreciado chá de casca de cacau, Vanilda elogiava a beleza da casa de lanches recém-inaugurada por Sarita, jovem espanhola que, embora residindo há poucos meses na cidade, já conquistara a amizade da professora de piano:

- Sarita foi muito feliz na decoração do salão! Você não acha, Acir?

- Está muito bonito! Mas não tem o romantismo da velha varanda do estabelecimento do Osmar... Não sei porque, mas eu gostava daquele lugar. – respondeu Acir.

- Ora, querido! É saudosismo da sua parte... Aqui é bem mais bonito! – retrucou Vanilda.

- Pode ser, meu amor... Mas continuo achando que lá era mais romântico! Talvez pela pouca luz, talvez por eu ser mais jovem... Mas o que importa não é o ambiente, mas sim, com quem se está nele! – concluiu Acir.

- É tão bom ouvir você dizer essas coisas... Prometa nunca me deixar! – pediu Vanilda, num rompante.

- Oh, paixão da minha vida! Eu morreria, se a perdesse! – afirmou, categórico, Acir.

- Mas o tempo, Acir, não irá enfraquecer o seu amor por mim? Um dia vou envelhecer e os homens são tão materialistas... Não irá trocar-me por uma enfermeirinha jovem e bonita?

- Ora, querida! Além da sua beleza física, outros fatores influíram em nosso relacionamento. E posso garantir que não foi a beleza o fator preponderante na minha decisão de dedicar a vida a você! Célia, como todos sabem, era linda! Mas você possui, além da beleza física, também a beleza da alma, como diria Rubens...- concluiu, romântico, Acir.

- Mas você promete? – insistiu a moça.

- Sim, prometo, minha amada! Prometo dedicar-lhe todos os dias da minha vida, até a consumação dos séculos! Prometo, ainda, um dia, escrever a história do nosso amor! Para que todos saibam, no futuro, que ele foi forjado pela alternância brusca de  momentos de enormes alegrias e de incomensuráveis tristezas, auferindo-lhe a precisa têmpera que lhe garante a imortalidade! – com veemência afirmou Acir.

...E aquele momento foi coroado por demorado beijo que atraiu a indiscrição dos demais clientes da casa! Não era comum, naqueles dias, esse tipo de intimidade em lugares públicos.

Enrubescida, Vanilda percebeu que Sarita, sorrateiramente, conclamara a clientela a aplaudir o casal, no que foi prontamente atendida! E o ambiente tornou-se muito mais descontraído!

Após várias horas de agradável convívio com os demais casais, Acir e Vanilda preparavam-se para sair, quando Sarita, discretamente, cochichou ao ouvido da amiga:

- Oh, Vanilda! Por que não trazem o Prof. Rubens, na próxima vez que vierem? Admiro demais aquele homem... É um perfeito cavalheiro!

Sorrindo disfarçadamente, Vanilda respondeu:

- Mas, Sarita... Ele é bem mais velho do que você!

- O que importa? São tão lindos, aqueles cabelos grisalhos! Além do que, hoje em dia já não encontramos cavalheiros com tanta educação! – concluiu, sorridente.

Após a promessa da amiga, de que atenderia o seu pedido, Sarita despediu-se do casal, alegremente!

A caminho da casa de Vanilda, os namorados conversavam sobre a doce paz reinante na cidade. Há muitos anos não podiam desfrutar da beleza do entardecer, apreciando o fabuloso espetáculo do pôr-do-Sol por entre as montanhas que circundavam a região norte da metrópole.Com tanta harmonia e tranquilidade, o casal iniciava nova fase em suas vidas! Embora não mais falassem em oficializar o seu relacionamento, através do casamento formal, decidiram procurar pelos parentes mais próximos, para que cada um deles conhecesse a família do outro. E, de certa forma, estariam formalizando o seu mútuo envolvimento, pelo menos perante os familiares.

Pouco tempo depois de tomar essa decisão, o casal procurou pelos irmãos de Vanilda, que viviam no sul do país. Descuidada no seu relacionamento familiar, desde que falecera a sua mãe, Vanilda nunca mais visitou os três irmãos e o pai, que logo após a viuvez, mudara-se, sozinho, para o extremo sul, quase às margens do Rio da Prata. Embora deixasse com os filhos o seu novo endereço, nunca mais os procurou, como também não foi procurado por eles.

Maria Lúcia, mais velha que Vanilda, Maurício e Inocêncio. Ambos mais novos que ela.

Os irmãos receberam muito bem o casal e, ainda que não tivessem sido consultados sobre o seu enlace, manifestaram a sua aprovação. Não sem antes comentar que a sua saudosa mãe preferiria vê-los casados formalmente! O pai, Vanilda não conseguiu localizar...

A mesma receptividade não encontraram por parte de Celina e de Jacyra. Ambas recusaram-se a recebê-los e proferiram uma série de impropérios, dirigidos ao casal, culminando na afirmação de que nunca tiveram pai! Acir, embora entristecido com a reação das filhas, não lhes tirou a razão!

Vanilda e Acir permaneceram por cinco ou seis dias na bela cidade litorânea, onde as moças residiam. E, nesse período, o pai fez várias tentativas para aproximar-se delas... Contudo, não obteve êxito no seu intento, conseguindo, apenas, que as filhas aceitassem ajuda financeira, mediante remessas mensais de altas somas... O que ele fez pelo resto da sua vida!

Deixaram a cidade numa embarcação portuguesa e aproveitaram a viagem para matar as saudades de Fabiana e Herculano, residentes mais ao sul, no Rio de Janeiro. E lá, passaram alguns dias, na residência do casal de amigos.

Durante a sua estada no Rio de Janeiro, Vanilda e Fabiana passavam horas e horas confabulando à beira mar, enquanto Herculano e Acir relatavam, um ao outro, os seus sucessos e fracassos, na esfera científica.

De volta à fazenda, custou para que Vanilda esquecesse a bela viagem, maculada, apenas, pela revolta das filhas de Acir. Mas, no íntimo, ela sabia que as moças estavam cheias de razão!

Após minucioso exame de consciência, motivado, talvez, pela reação das filhas, Acir decidiu reparar os malefícios que o seu orgulho e altivez juvenis causaram a tanta gente. Auxiliado por Vanilda, amparou financeiramente as obras sociais de Rubens e dedicou grande parte do seu tempo para colaborar com o debilitado amigo, na pregação e na divulgação da nova doutrina. Além do tratamento da saúde do corpo físico, passara também a tratar os males espirituais dos menos favorecidos. E, com o passar do tempo, essa nova atividade passou a ocupar várias horas do dia do casal. Entretanto, sempre fizeram questão, tanto Rubens como também Acir e Vanilda, de afirmar que não se tratava de uma nova religião, e sim, de filosofia de vida! Nunca aceitaram o "espiritismo" como religião!

# A "ASSOCIAÇÃO DE AMPARO ESPIRITUAL"

Com a orientação de Rubens, Acir e Vanilda fundaram uma associação beneficente que, além de oferecer apoio material, como comida e tratamento médico, tinha, como objetivo maior, oferecer apoio espiritual às pessoas que necessitassem.

Deram-lhe o nome de "Associação Paulista de Amparo Espiritual". Para tanto, buscaram publicações e pesquisadores em Paris, Lion, Londres e, mais futuramente, também na América do Norte. Visitaram esses locais por várias vezes, onde participavam de palestras e reuniões sobre o tema que vinha revolucionando as velhas crenças, cheias de dogmas inexplicáveis e ultrapassados.

Satisfeito por saber que a sua obra seria continuada e com a promessa de retornar  um dia, em novo corpo físico, Rubens desencarnou repentinamente, após uma das  reuniões na recém-criada associação.

Deixou trinta por cento dos seus poucos bens materiais ao Lucas e o restante, para a entidade filantrópica dirigida pelo casal de amigos. O próprio governador da província compareceu ao seu sepultamento e a cidade toda chorou o passamento do grande benfeitor dos aflitos e desamparados! Pessoas das mais longínquas regiões afluíram à cidade para dar o  seu último adeus ao verdadeiro baluarte da caridade e do amor cristão que, acreditavam, acabavam de perder!

Apesar da acirrada perseguição por parte dos religiosos mais conservadores, a "Associação" evoluiu em sua missão! Essa perseguição, infelizmente ainda notamos hoje, mais brandamente, por pessoas que ignoram o contexto da filosofia espírita e, mesmo sem conhecê-la, taxam-na com os mais variados títulos, depre-

ciativos! Encontramos, às vezes, antagonismos dentro de comunidades da própria filosofia, pois não raramente, pessoas menos avisadas procuram fazer-se "donas" das casas espíritas, afugentando, com sua incúria, a muitos companheiros que muito poderiam com elas colaborar... Mas, a humanidade não é perfeita...Pelo menos, os
habitantes desta crosta terrestre! Dia chegará em que atingiremos graus mais elevados e todas as mesquinharias deixarão de existir! Presidida por Vanilda, além do valioso apoio moral, a casa de caridade passou a servir substanciosas refeições aos mais necessitados. Talvez, como a mais notável das suas atividades, tenha sido o fato de lutar, ferrenhamente, pela abolição da escravidão, acolhendo a muitos fugitivos das senzalas, ocultando-os, a duras penas, em sítios e fazendas de pessoas amigas, que já comungavam com Rubens, dos mesmos ideais! Lamentavelmente, por ignorância dos fatos, muitos historiadores de hoje negam a existência de movimentos abolicionistas já naquela época! Entretanto, estes movimentos surgiram no exato momento em que a primeira pessoa tornou-se escrava, em remotos tempos, pois nem todos eram tão malvados e ignorantes à ponto de achar que um filho de Deus podia tornar-se "dono" de outra pessoa, simplesmente por terem a pele com uma cor diferente ou por possuírem mais recursos financeiros! É lastimável o fato de muitos historiadores, modernos, não pesquisarem mais profundamente o assunto antes de emitirem as suas versões!
A radical posição da "Associação" trouxe, sem dúvidas, muitos problemas aos seus dirigentes e colaboradores, pois a mão-de-obra escrava era fundamental, na opinião de tantos fazendeiros, para a boa saúde financeira dos seus negócios! Enfrentando aos mais acirrados ataques, a "Associação" evoluía, e, a cada dia conseguia mais adeptos e simpatizantes!
Os membros da nova entidade reuniam-se duas vezes por semana e, após a preleção, feita por um dos membros, dedicavam cerca de trinta minutos à total concentração, na tentativa de serem agraciados com inteligíveis mensagens de algum amigo ou parente já desencarnado. Mas, por mais que tentassem, não logravam êxito

em obter a tão esperada mensagem...

Mesmo assim, algumas manifestações físicas, "paranormais", que vinham acontecendo na casa, já atraiam um número de pessoas cada vez maior.

Certo dia, em visita ao Rio de Janeiro, Acir e Vanilda foram informados sobre a presença, na cidade, de uma idosa senhora inglesa, capaz de receber comunicações de ilustres personalidades já falecidas! Decididos a conhecerem-na, permaneceram quase uma semana além do tempo previsto para a sua viagem ao litoral. Finalmente, foram levados até ela!

A anciã, embora hospedada com todas as honras na Quinta da Boa Vista, recebeu-os fraternalmente e não foi difícil ao casal convencê-la a visitar a sua associação espírita.

Extremamente simpática, permaneceu por uns dez dias como hóspede de Vanilda e não se apressou a tentar a tão esperada comunicação!

Na primeira semana, limitou-se a proferir palestras sobre os resultados das suas pesquisas e a ministrar o aperfeiçoamento das técnicas empregadas pelos amigos, como por exemplo, a adequada preparação do ambiente, o relaxamento mental e outras tantas. Finalmente, sem dificuldades e para espanto geral, psicografou:

" – Que a paz de Deus reine sobre os vossos corações! De alegria transborda-me o coração por encontrar-vos em franco progresso! Ao abandonar o cansado corpo, eu vos deixei em belicoso relacionamento; regozijo-me agora com a alegria de vos encontrar unidos pela sagrada missão de amparar o próximo e propagar a fá cristã, sob os auspícios do Divino Mestre! Em Sua divina misericórdia, vos concedeu a graça de nova oportunidade de buscar a redenção, no exercício da mediunidade, entre os habitantes da crosta e os da grande pátria espiritual. Embora árdua, a missão deve ser levada a termo!

Aceitem os afetuosos abraços, meus e do meu filho Rubens. Até breve!

Nazareth"

Os membros da mesa foram tomados de eufórica alegria! Conseguiram, afinal, a indiscutível prova da continuidade da vida após a sepultura! Ainda que todos os membros da associação já tivessem a certeza disso, a reunião fora presenciada por várias outras pessoas, que lá compareceram apenas por curiosidade e que, no íntimo, não tinham muita esperança sobre a imortalidade do espírito. A mensagem fora escrita em claro português e assinada por antiga habitante da cidade e também mencionara o nome de Rubens, tão popular! E a médium, além de nunca os ter conhecido, nunca ouvira o nome de Nazareth e só sabia comunicar-se em seu idioma, o inglês!

A partir desse dia, as comunicações passaram a fluir normalmente e a associação passou a contar com cerca de cinquenta membros, no seu quadro de colaboradores. As notícias sobre os fenômenos que lá vinham acontecendo ultrapassaram as fronteiras da província e não demorou muito para que surgissem grupos de pessoas adeptas à nova doutrina, ou filosofia, como Acir e Vanilda faziam questão de denominá-la, em outros vários lugares.

A cada ano que passava, o casal mais se dedicava aos trabalhos da associação e diminuíam as suas atividades profissionais. Vanilda deixara de lecionar para se dedicar, integralmente, aos novos afazeres. Acir, a princípio limitava-se a realizar uma ou outra cirurgia e confiara a direção da clínica a um antigo empregado, também médico. A situação financeira do casal mostrava-se estável, permitindo a diminuição da sua carga de trabalho para maior dedicação aos novos afazeres.

Ao chegar aos sessenta anos de vida, o famoso operador abandonou, definitivamente, a profissão para, seguindo o exemplo de Vanilda, também dedicar-se inteiramente à casa de caridade.

Assim como fizera Rubens, no passado, o casal preocupava-se com a continuidade da sua obra. Para garantir que a mesma não fosse interrompida com o seu desencarne, nomeou uma diretoria e passou os últimos anos de vida em constantes viagens às diversas cidades que já contavam com centros de estudos e pesquisas espíritas, fornecendo-lhes orientação e todo o material que já se encontrava escrito, na época.

Acir desencarnou antes de Vanilda. Aos sessenta e seis anos de idade, quando se encontrava proferindo palestra em próspera cidade do norte de São Paulo, foi abruptamente acometido por fulminante infarto do miocárdio. O seu desenlace foi rápido e tranquilo...

Vanilda muito tempo levou para refazer-se emocionalmente, pois o companheiro sempre gozara de excelente saúde e a separação viera de forma totalmente inesperada.

Após recuperar-se do inusitado golpe, vendeu todas as propriedades que, às vistas da lei já lhe pertenciam, pois Acir, sem que ela soubesse, já havia transferido todos os seus bens para o seu nome.

Assim, Vanilda dividiu o montante arrecadado em cinco partes, doando quatro quintos à Celina e Jacyra e ficando com um quinto para assegurar-lhe a subsistência.

Com a parte que lhe coube, continuou arcando com quase todas as despesas geradas pelas obras assistenciais da associação.

Vanilda viveu ainda três anos, desencarnando aos sessenta e cinco, em modesta moradia, na periferia da cidade. Contraíra grave moléstia hepática e, assim como o companheiro, desencarnou serena e facilmente, como é comum aos que, praticando a caridade, redimem-se de culpas passadas!

ATÉ BREVE,VANILDA!

◆ ◆ ◆

Pequenina, carente e assustada,

Com a consciência a pedir-lhe mais,

Vai a Vanilda pela longa estrada,

Revendo coisas que deixou atrás!

Compadecida da desgraça alheia,

Sofre por todos, que ao redor padecem!

E envolvida na divina teia,

Nem nota as bênçãos, que do céu lhe descem!

Pisca-piscando à timidez latente,

E consciente do dever cristão,

Ajuda a todos, e vai firme em frente!

E lá do céu, pra onde as preces vão,

Dos pequeninos que auxiliou, contente,

Deus há de, um dia, estender-lhe a mão!

*José Carlos Teixeira Franco

Com o objetivo principal de relatar a conturbada vida do casal, Acir e Vanilda, passaremos, a partir deste ponto, à narrativa da chegada, à Pátria Espiritual, da grande benfeitora, Vanilda, e do interesse de Nazareth em colaborar com a redenção de todo o grupo, cujas existências neste plano físico, em rápidas pinceladas, foram por nós mencionadas. Contudo, antes de iniciarmos esta última parte da nossa história, esclarecemos que as demais personagens desta narrativa desencarnaram, todas, com avançada idade. Osmar foi o primeiro e Jacyra a última, a retornar ao Plano Maior.

Além dos episódios aqui narrados, nenhum outro fato de maior importância aconteceu na vida dessas personagens. A não ser o amor que Sarita nutriu pela memória de Rubens, até o final dos seus dias! Ele, no entanto, só tomou conhecimento desse amor depois de desencarnado.

Passemos, agora, ao "outro lado da vida", para onde foram os nossos amigos!

# DO OUTRO LADO DA VIDA

A brisa fresca da luminosa manhã agitava brandamente as alvas cortinas do espaçoso quarto. Ao som de magnífica melodia, executada em baixos tons, quase como uma música de fundo das grandes catedrais, Vanilda despertou, tranquila... Olhou ao seu redor e percebeu estar só... Tomada por inexplicável sensação de paz, procurou lembrar-se de onde estava e como fora parar ali. Por mais que se esforçasse, não encontrava explicação! Em dado momento, lembrou-se de que a sua enfermidade havia se agravado e do comentário de um dos médicos que a assistiam, pensando que ela dormia, sobre a gravidade da situação. Segundo ele, talvez a paciente não amanhecesse viva! Daí – julgou Vanilda – provavelmente o seu estado teria se agravado e eles a teriam transferido para o hospital, durante possível perda dos seus sentidos... Mas, aquele quarto ela não conhecia! Enquanto observava, do seu leito, os objetos ali existentes, a porta se abriu e simpaticíssima enfermeira adentrou ao recinto, cumprimentando-a, sorridente:

- Muito bom dia, Vanilda! Vejo que você está ótima! Descansou bem?

- Bom dia! – respondeu Vanilda, curiosa. – Mas, desculpe-me, não me lembro de onde estou!

- Ah! É que você dormiu profundamente! Às vezes isso acontece... – comentou, alegre, a enfermeira.

- Mas, diga-me, estou no hospital ou na clínica? – indagou Vanilda.

- Você está num hospital, minha querida! Mas não em sua cidade. – informou a moça.

- Oh! Nem percebi o traslado... – comentou Vanilda. – Onde, então, me encontro?

- Por que não vem comigo para dar uma olhadela lá fora? Do jardim, temos uma ampla visão da cidade! – convidou a paramédica.

- Bem que eu gostaria... Mas não devo me levantar. – retrucou Vanilda.

- Pode, sim, minha querida! Você está curada! – informou, decidida, a enfermeira.

- Até ontem estava tão mal! Como posso estar curada?- inquiriu, desconfiada, Vanilda.

- Ora, os médicos desta cidade são muito eficientes! – brincou a moça, já procurando apoiar Vanilda pelos braços.

Dada a insistência da alegre enfermeira, Vanilda resolveu tentar levantar-se. Observando que não sentia nenhuma dor, por mais fraca que fosse, com facilidade pôs-se em pé! Caminhou, amparada carinhosamente pela cintura. Ao chegar ao enorme jardim, deparou-se com pitoresca visão da mais bela cidade que conhecera!

O hospital encontrava-se sobre um planalto e, aos seus pés, esparramava-se a majestosa cidade! Vanilda observou que os seus edifícios, aparentemente, não eram luxuosos, porém, apresentavam as mais avançadas linhas arquitetônicas, mantendo uma harmonia que até então ela não conhecera, nem nas mais modernas cidades europeias! As árvores e os jardins, abundantes, auferiam-lhe um magnífico espetáculo de cores brilhantes e diferentes de todas as que ela já conhecera!

Extasiada, Vanilda demorou-se na contemplação...

Convidada a retornar ao quarto, Vanilda dispensou o amparo oferecido pela acompanhante, informando sentir-se tão bem que já não mais necessitava de qualquer apoio para locomover-se. Caminhando com passos lentos, porém decididos, facilmente alcançou o seu quarto.

Obsequiosa, a gentil companheira prontificou-se a auxiliá-la a deitar-se mas, comovida, Vanilda agradeceu a ajuda, dizendo:

- Minha amiga! Nem sequer o seu nome eu sei! Mas serei eternamente grata pela carinhosa acolhida! Eu e você estamos cientes de que já não preciso deitar-me... Estou desencarnada!

Apresentando-se por Angelina, a moça não mostrou surpresa com a dedução de Vanilda. Confirmou a sua afirmação, dizendo:

- Irmã Vanilda, seja bem-vinda! Por sua evolução espiritual, já esperávamos a sua rápida compreensão sobre a sua volta a este plano! Graças a Deus, você está livre dos sofrimentos impostos pela enfermidade do corpo físico. Avisarei, agora, sobre o seu retorno à consciência pois muitos amigos estão sequiosos por vê-la! – completou, sorrindo, Angelina.

- Espere, Angelina... Ele está por aqui? –indagou, tímida, Vanilda.

- Oh, sim! E aguarda, ansiosamente, o meu chamado! Vou avisá-lo de que você já pode recebê-lo. – afirmou Angelina, já deixando o aposento.

Os momentos que se sucederam, para Vanilda, pareceram horas! Finalmente a porta se abriu e, radiante de alegria, surgiu-lhe à frente o saudoso companheiro!

Abrindo os braços e com fraterno sorriso, Acir dirigiu-se a ela, emocionado:

- Oh! Minha querida Vanilda! Quanta saudade... – cobrindo-a de beijos e apertando-a fortemente contra o peito, completou: - Que bom que você veio!

Tomada pela emoção, Vanilda quase não conseguiu falar. Entre lágrimas de alegria, balbuciou, finalmente:

- Acir, Acir! Que falta você me fez... Mesmo sabendo que você estava bem, chorei todos os dias! Graças a Deus, já estou ao seu lado!

- Minha querida! Como estes três anos custaram a passar... A cada dia lamentei por sua ausência! Não obstante a grande beleza deste lugar, a companhia de muitos amigos e o sentimento de paz que ele nos oferece, faltava-me, contudo, a sua presença! Graças a Deus, agora estou completamente feliz! – comentou Acir, procurando esconder as níveas lágrimas que lhe brotaram dos olhos, pela grande emoção do reencontro!

- Oh, Acir! Eu também esperei muito por este dia! Como é bom estar com você!

Refeitos da emoção do reencontro, Acir e Vanilda caminharam longo tempo pelo jardim, de inenarrável beleza! Após matarem-se as saudades, Acir a levou até um amplo auditório onde Rubens, Nazareth e um pequeno grupo de amigos aguardavam-na, para os efusivos cumprimentos.

O amplo recinto era iluminado por magnífica luz indireta que, embora lhe auferisse intensa luminosidade, não ofuscava a vista. As alvas paredes eram providas de coloridos vitrais que mesmo tendo Vanilda conhecido as mais belas igrejas da Terra, jamais vira tamanha beleza!

Maravilhosa melodia tomava o ambiente, emanada de algum divino instrumento que ela não conseguira identificar! Extasiada pela beleza e pela tranquilidade do recinto, a recém-chegada recebeu as boas-vindas dos antigos e saudosos amigos!

Indagou sobre o auditório, que tanto apreciara e foi informada tratar-se de um dos pontos de contato daquele plano com o imediatamente superior. Uma espécie de receptor de energia. – explicou Rubens, solícito. – Numa comparação mais grosseira, diríamos tratar-se de um templo. – comentou Acir.

Durante o resto do dia o grupo de amigos levou-a aos mais formidáveis lugares, explicando-os, com detalhes! Vanilda mostrava-se cada vez mais perplexa com tanta perfeição!

No final da tarde, pouco antes das dezoito horas, levaram-na de volta ao grande auditório onde, unidos ao enorme número de irmãos presentes, oraram ao Divino Pai. A união de pensamentos e vibrações manifestou-se em forma de um facho de radiante luz! Partindo dali, dirigia-se ao infinito! Como que, em rápida retribuição, milhares de partículas coloridas e levemente perfumadas desciam, irradiando luz em magníficas tonalidades, sobre a compenetrada plateia!

Maravilhada, Vanilda sentiu que, ao ser tocada pelas luminosas partículas, semelhantes a brilhantes pétalas de rosas multicores, as suas energias fortaleciam-se instantaneamente! E uma alegria imensa lhe invadia o espírito! Radiante de paz e alegria, foi informada pelos amigos que, aquele belo espetáculo era proporcionado por Deus, através dos Espíritos Superiores, responsáveis pela vida naquele plano.

À noite, Vanilda foi alojada em agradável aposento do imenso prédio, destinado à recepção e adaptação de irmãos recém-chegados, onde ela deveria residir por mais alguns dias. A exemplo do primeiro, os dias seguintes foram-lhe repletos de novas emoções e ensinamentos.

Alguns dias após a sua chegada, ao deixar o salão onde abnegados mentores proferiram elucidativa palestra sobre a necessidade da reencarnação, no processo de evolução espiritual, Vanilda questionou os amigos:

- Graças a Deus, conto com a companhia de vocês todos, meus diletos amigos! Tenho, também, encontrado outras pessoas com quem tive algum relacionamento na vida terrestre. Mas, digamme: por onde andam Célia e Norberto? Não os vi, até hoje! – completou.

- Bem, Vanilda... – iniciou Nazareth. – Nem tudo é felicidade, após o desenlace carnal. As pessoas que viveram uma vida correta e justa, ao verem-se livres do invólucro carnal, vislumbram uma nova fase das suas jornadas! Mais evoluída e feliz! Assim como um bom aluno que ao final do ano letivo, descansa algum tempo em gozo de merecidas férias, para depois retornar à escola, cursando uma nova série. Mais avançada, mas também de mais responsabilidade! Se foi um bom aluno, dedicado e cumpridor dos seus deveres, pode descansar tranquilo, por algum tempo, para depois seguir em frente, a caminho do seu objetivo, ou seja, formar-se na profissão escolhida. Por outro lado, se foi negligente com suas obrigações, terá, ao final do ano, duas opções: a primeira será a de abdicar do seu descanso e atirar-se aos estudos, buscando uma reavaliação, em segunda época. A segunda opção será a de entrar em gozo das férias, sabendo, contudo, que no ano seguinte terá que retornar à antiga classe, esforçando-se mais, para tentar a aprovação, no próximo exame! Mas, enquanto isso, os seus colegas, dedicados, foram aprovados e já se encontram numa série à sua frente! Ou seja, as pessoas com quem ele convivia não puderam esperar! E ele, envergonhado, terá que fazer um novo ambiente na escola, conquistar novas amizades, enfim, começar tudo outra vez!

Não era assim que Rubens sempre explicava, quando encarnado? Pois ele estava coberto de razão! Ao final na nossa vida terrena, a nossa consciência nos julga, durante o processo do desencarne.

Se nos considerarmos inaptos a seguir avante, poderemos permanecer, por mais algum tempo, no corpo físico debilitado, objetivando a devida correção espiritual. Ou, então, desencarnarmos e colocarmo-nos à espera de nova oportunidade de correção, em nova encarnação.

- Oh! Sei bem disso! – afirmou Vanilda. – Durante os últimos anos da minha vida na crosta, dediquei-me ao estudo da Vida Espiritual. Alguns irmãos desencarnados já nos relataram sobre os sofrimentos por que passa o espírito, nas chamadas "Zonas Umbralinas"! É horrível!

- De fato, minha amiga! Mas é o sofrimento que eleva o espírito, para removê-lo dessa situação de desalento! Assim como o metal precioso que necessita passar pelo cadinho fumegante para torná-lo joia preciosa! Também o espírito necessita do sofrimento para quebrar-lhe o orgulho e a prepotência! – afirmou, constrita, Nazareth.

- Então, resumindo tudo, você está querendo me dizer que Célia e Norberto se acham nos umbrais? – perguntou Vanilda, demonstrando certa contrariedade.

- Norberto não está mais! – informou Nazareth. – Embora ele não esteja com o nosso grupo, já se encontra muito bem, recebendo ampla assistência espiritual. Apesar do seu questionável comportamento, na crosta, Norberto possui boa índole... Foi criado num ambiente carente de amor e nem os seus pais, nem os parentes mais próximos souberam incutir-lhe, na infância, o menor sentimento de amor ao próximo e muito menos de religiosidade. Seus pais eram ateus! Assim, Norberto tornou-se vítima de pessoas incompetentes à sua formação espiritual... Deixaram-lhe, ao desencarnar, imensa fortuna material... Mas, antes não tivessem deixado um só tostão, mas que lhe delegassem a maior das riquezas: a fé em Deus! Logo, ele não foi o principal culpado por tantos erros que praticara...

- E Célia? – perguntou Vanilda. – Que eu saiba, ela não cometeu grandes erros! Foi, até, vítima de injustiças e eu mesma sinto-me em débito com ela... – completou.

- Bem, cara amiga...Sei do débito a que você se refere. Mas, graças a Deus, você teve a oportunidade e a graça de arrepender-se a tempo! E os créditos a que fez jus, superaram, em muito, as suas dívidas! Cada prato de comida que você ofereceu, cada agasalho que doou, cada escravo que protegeu; todos esses atos auferiram-lhe créditos, perante o Pai Celestial! E, o mais importante de tudo, foi o seu grande arrependimento!

Na verdade, Vanilda, não foi você a culpada pela separação de Célia e Acir. Você só o tomou por companheiro muitos anos após a sua separação! Foi, a bem da justiça, ela quem o perdeu... Com a vaidade excessiva, com a ambição desenfreada, com a falta de companheirismo... Todos esses fatos levaram-na a perdê-lo!

- Mesmo assim, acho que os seus enganos não foram tão grandes, a ponto de não conseguir transpor os umbrais da vida...- ponderou Vanilda.

- Existem outros fatos que você desconhece, cara amiga! Célia não se deu o devido valor, nos últimos anos da sua vida. E acabou por encurtar a sua permanência na crosta... – informou a amiga Nazareth.

- Então, ela cometeu o suicídio? – preocupada, perguntou Vanilda.

- De certa forma, sim! Embora não tenha acabado com a própria vida, nada fez para conservá-la. Entregou-se a toda sorte de vícios e destruiu a sua saúde. Quando o debilitado corpo necessitava de cuidados, recusou-se a qualquer tratamento médico. Considerando que o corpo físico é propriedade de Deus e que só nos é emprestado para uma determinada jornada, temos a obrigação de cuidar bem dele!

- Irmã Nazareth, então ela está mesmo nas sombras? – questionou Vanilda, uma vez mais.

- Sim, minha amiga! Mas em poucos dias terá condição de ser resgatada. Permanecerá na colônia em que hoje se encontra Norberto. Receberá cuidados constantes, até que, um dia, encontre-se em condições de voltar à crosta e lá cumprir os últimos dias que lhe faltaram! - explicou Nazareth.

Pensativa, a recém-chegada afastou-se do grupo e pôs-se a orar por Célia.

À medida em que o tempo passava, mais se fortalecia o amor de

Acir e Vanilda! Livres das paixões carnais, eram os espíritos que mais e mais se aproximavam! Comungaram, encarnados, dos mesmos ideais...Na juventude, o amor pela medicina; mais maduros, o interesse pela pesquisa sobre a vida pós-morte do corpo físico e, nos últimos anos de suas vidas, o desejo de executar obras beneficentes. Agora, livres do invólucro carnal, o desejo de aprender e de auxiliar Nazareth, no seu projeto de reunir, numa só família, os desafetos da cidade terrestre que haviam deixado.

Norberto, embora ganhando evolução a cada dia, só não passara a viver com o grupo por guardar, no íntimo, ainda uma pequena mágoa à respeito de Acir. Reconhecera os seus erros mas ainda se sentia um pouco prejudicado... Esta sua posição, sem dúvida, não deixava de ser, ao grupo, uma pequena mácula... Mas todos sabiam que em pouco tempo ele iria aceita-los como amigos e companheiros para novas empreitadas!

Nazareth, que se fizera responsável pela orientação deles todos, além de bom número de outros irmãos ora não mencionados, esforçava-se no sentido de conseguir a harmonia, tão sonhada, desde os tempos em que estivera encarnada, quando as desavenças, entre eles, começaram. Só faltava, agora, a aproximação de Norberto!

Vanilda adaptava-se com facilidade ao seu novo "habitat". Desejosa de aprender sempre mais, passava a maior parte do seu tempo com Nazareth, pois ela era a pessoa que ali estava há mais tempo. Além do que, havia se tornado uma líder do grupo de amigos. Admirava o grande desprendimento e determinação da velha amiga que, em detrimento da sua própria evolução, arquitetara um plano para retornar, brevemente, à crosta e promover, em nova encarnação, a união de todos os amigos, cujas amizades, da última vez em que estiveram na Terra, houvera sido abalada por tantas discórdias. Ao falar no assunto com o grupo, seus pequenos olhos brilhavam de emoção!

- Sabe, Vanilda... Eu consegui convencer o irmão Elias sobre a necessidade de minha rápida volta à crosta, para poder ajudar a vocês todos!

- Mas quem é o irmão Elias?

- Oh! Preciso levá-la até ele! É um grande amigo! E é o responsável pelo aprendizado de todos os habitantes desta colônia! Vive aqui há muito tempo e, embora já pudesse estar em plano superior, prefere aqui permanecer para poder continuar auxiliando os seus tutelados...

É muito abnegado, o irmão Elias! – concluiu Nazareth.

- E é ele quem decide sobre as reencarnações? – questionou Vanilda.

- Certamente que não, minha cara amiga! Mas ele, na condição de nosso tutor, solicita aos irmãos dos planos superiores para que analisem a nossa situação e, com divina inspiração, orientem-nos sobre o que for melhor para nós!

- Caso julguem ser proveitoso o seu breve retorno à carne, o que a irmã pretende fazer, na crosta terrestre? – quis saber, com detalhes, Vanilda.

- Ah! Veja você a situação dos irmãos: Osmar e Deolinda tiveram muitas oportunidades de progredir...No entanto, passaram todo o tempo pensando em juntar mais fortuna, não se preocupando com os pobres necessitados que viviam à sua volta. Ao contrário, quando emprestavam algum dinheiro a um pobre chefe de família, cobravam juros exorbitantes! Embora não tenham praticado maiores malefícios, as suas consciências os acusam por omissão! Desta forma, é certo que precisam de nova oportunidade, encarnados! Vejamos, agora, o casal Moacir e Adair: Adair, religiosa ao extremo, acreditava que o hábito de não deixar de assistir a uma só missa sequer, já lhe garantiria o céu! O dinheiro que doava à igreja comprar-lhe-ia um lugar junto a Deus! Esquecia-se de que os santos de pedra e madeira não careciam de comida, remédios, vestimentas... Isso, sem falar na vaidade excessiva que absorvia quase todo o seu tempo, tornando-a pessoa inútil a quem quer que fosse! Já o marido, Moacir, quando não possuía riquezas, fora excelente cristão! Bastou ver a cor do dinheiro para que os seus olhos não vissem mais nada ao seu redor! Tendo possuído considerável fortuna, infelizmente se esqueceu do principal ensinamento cristão: a prática da caridade! Assim, minha amiga as suas consciências também estão exigindo nova encarnação! Eles estão cientes das suas falhas e querem voltar ao plano físico, para nova oportunidade de redenção! – explicava Nazareth.

Interessada nos planos da amiga, Vanilda ouvia, compenetrada, as explicações e, mesmo sem comentar, julgava-as muito lógicas. Continuando, Nazareth abordou o nome de Juventino:

- E o Juventino, com tanta inteligência, o que fez de útil? Com as suas impiedosas crônicas, destruiu muitos homens de bem, que as receberam apenas por não concordarem com as suas opiniões! Gerou muitos filhos, mas nunca os assumiu, deixando-os sob a total responsabilidade das mães! E que nem sempre reuniam as necessárias condições de intelecto ou financeiras, para criá-los! Também ele, minha querida, deseja nova oportunidade de encarnar!

Ao ouvir o nome de Juventino, Vanilda lembrou-se de Lucas, pois ele trabalhara muito tempo para o jornalista. Perguntou, então, à amiga:

- E o Lucas, amiga Nazareth? Faz parte dos seus planos?

- Oh! Faz, sim! Das pessoas da nossa convivência, quando encarnados, foi Lucas a que menos oportunidade teve para construir um futuro melhor! O pobre rapaz não cursou qualquer escola e, dotado de grande inteligência, lastimava-se, intimamente, por isso! Foi criado na rua desde tenra idade. Com o final do casamento de seus pais, seu lar desfez-se e o pobre menino viu-se, de repente, jogado à sua própria sorte! Não recebeu, jamais, qualquer tipo de orientação... Daí à bebida, foi um passo! – concluiu Nazareth, emocionada. – E veja, também, Vanilda, que o Juventino teve a oportunidade de ajudá-lo... Ele foi a única pessoa a quem Lucas obedecia, cegamente! No entanto, usava a sua fidelidade para a indigna tarefa de contar-lhe a vida do Norberto! – explicou Nazareth.

- E quem mais a irmã inclui nos seus planos? –indagou Vanilda.

- Com certeza o Rubens! –informou, sorridente.

- Ora, irmã Nazareth! Esse não precisa voltar... – afirmou, alegremente, Vanilda.

- Engana-se, Vanilda! –iniciou Nazareth. – Você o conheceu numa fase de sua existência quando já não cometia grandes erros... Contudo, dada a sua grande evolução, ele sente a necessidade de redimir-se de pequenas incorreções cometidas em encarnação anterior a essa em que nós o conhecemos! Já possui, muito mais do que nós, conhecimentos sobre as suas vidas passadas. Ao passo que nós, só nos lembramos da última. Chegará o dia em que teremos também consciência plena das nossas encarnações mais antigas. Além do que, minha amiga, ele deseja auxiliar-me nessa tarefa de unir todo o grupo, numa só família! – concluiu.

- Não sei como a amiga fará para conseguir realizar o seu sonho...São tantos os envolvidos!

- Minha cara amiga...Tem mais gente envolvida! Você saberá quem mais? – indagou Nazareth, sorrindo.

- Não imagino... – respondeu Vanilda.

- Você e Acir! – informou a benfeitora irmã.

- Mas você sabe dos nossos planos? – indagou, curiosa, a ex-enfermeira.

-Tenho presenciado muitas conversas suas! Não é verdade? Estamos, sempre, tão juntas...

Diante da concordância da interlocutora, continuou:

- Sei bem a respeito da mágoa trazida por Acir, por ter deixado de cumprir, durante alguns anos, as suas obrigações de médico. Sei o quanto lhe pesa o fato de ter falhado, a respeito da criação das filhas...E sobre o desenlace de Norberto, ele acha que poderia ter evitado, se tivesse sido menos afoito e solicitado às milícias, com quem ele tinha grande influência, que lhe oferecesse a necessária segurança. Talvez até com a prisão de Norberto. E, sem falar que ele deseja unir-se, definitivamente, à você! – concluiu.

- E você sabe, também, quais são os meus íntimos anseios? – questionou Vanilda.

- Sim, minha querida! Saiba que já pesquisei muito, a vida de vocês todos! – respondeu, prontamente, Nazareth.

– Você sente certa ponta de culpa à respeito do fracasso do casamento de Acir e Célia. Culpa-se, também, pela displicência de Acir, nos assuntos profissionais durante alguns anos da sua vida. Acha que a sua aproximação desviou-lhe o interesse principal!

Além de tudo, sente o desejo de continuar as obras da "Associação de Amparo"... Não é verdade? – inquiriu.

- Oh, sim! Você está bem informada! – concordou Vanilda. – Mas, e você? Acha que também tem débitos a saldar, na crosta?

- E como tenho! – iniciou benfeitora. – Existem muitas coisas a impedirem-me a evolução! Ao contrário do que pensa a amiga, cometi muitos erros! E, para o meu próprio bem, preciso repará-los! Assim, aproveitarei o tempo para resgatar velhas dívidas e, também, para fazer a tentativa de colocar vários irmãos em harmonia plena! E vou conseguir, se deus quiser...

Embora tendo desencarnado há não muito tempo, Acir e Vanilda já se encontravam bem familiarizados com a nova vida. Graças aos ensinamentos de Rubens, aliados às constantes pesquisas realizadas pelo casal, na última década da sua permanência no plano físico, as mudanças não lhes causava grandes surpresas. De inestimável valia - pensavam eles – foram as minuciosas orientações dadas, também, pelos abnegados irmãos desencarnados que se propuseram a auxiliá-los, nas reuniões mediúnicas realizadas na Associação, quando o casal ainda se encontrava na crosta terrestre. Durante os seus habituais passeios pelos jardins, depois das reuniões de oração que todos os dias realizavam, à dezoito horas, Acir e Vanilda comentavam, agradecidos, sobre a maravilhosa dádiva com que Deus os contemplara, ao permitir que, ainda vestidos com a roupagem carnal, pudessem ter sido agraciados com certo esclarecimento espiritual, tomando conhecimento sobre a continuidade da vida e sobre a eternidade do espírito! Com frequência, o casal agradecia pela divina bênção recebida e pedia ao Pai Celeste que lhe concedesse a oportunidade de, em nova encarnação, prestar o seu singelo auxílio no trabalho da divulgação da doutrina, ou filosofia, como Acir preferia dizer, espírita! E, através dela, levar um pouco de esperança aos irmãos que, ainda não agraciados com o conhecimento, debatem-se em profundos sofrimentos, à procura de um deus irreal e que, num passe de mágica, resolva todos os seus problemas!

Oh! Que lastimável ignorância domina o homem que, ao imaginar-se um mero objeto mecânico, espera que Deus determine todos os seus passos e ações... Sem que ele nada faça para melhorar a sua condição de habitante da Terra! Como se não tivesse a sua própria identidade e inteligência racional!

Feito à imagem e semelhança do Divino Criador, o ser humano possui o livre arbítrio! E, só a ele compete determinar o seu futuro... Tranquilo e feliz, a caminho da célula-mater, que é Deus ou ao longo vale das sombras e sofrimentos, onde permanecerá em conflitos, até que, um dia, assuma a sua própria responsabilidade. E, por seus méritos, decida-se a aceitar a sua condição de parte integrante da vida, ou de Deus! E harmonize-se com todas as coisas do universo, cumprindo, com dedicação e esmero, todas as tarefas a ele confiadas, para que todos os seres que povoam a Terra possam seguir avante, em perfeita sincronia, a caminho da evolução!

O caminho que leva a Deus pode ser árduo e estreito, mas, tornar-se-á amplo e agradável, desde de que pratiquemos duas pequenas atividades: caridade e humildade!

# A REENCARNAÇÃO DE NAZARETH

Certa tarde, quando nossos amigos retornavam de uma missão de socorro aos irmãos que se encontravam no Vale das Sombras, encontraram Nazareth esperando-os, ansiosamente, na entrada da colônia. Radiante de alegria, apressou-se a informá-los:

- Oh, meus amigos! Finalmente consegui... – iniciou a bondosa irmã. – Consegui a permissão para nova encarnação!

- Mas, mamãe... Não é um pouco cedo? – inquiriu Rubens, demonstrando uma pontinha de tristeza.

- Não, meu filho! Precisamos ir avante... Já estou aqui há bastante tempo! Aprendi o máximo que eu poderia assimilar, desta vez! E, também, estou completamente descansada e muito ansiosa para realizar os planos que idealizei... E que os superiores aperfeiçoaram! Quero começar logo! – concluiu, decidida.

Surpresos, os amigos cumprimentaram a abnegada irmã... Mas não deixaram de lamentar a rapidez com que ela conseguira o seu intento. Isso representava – sabiam todos – o afastamento de Nazareth, para que ela fosse preparada para a volta à crosta terrestre. E, após encarnada, lhes seria mais difícil gozar da sua agradável companhia.

- Quando iniciarão os preparativos? – perguntou Acir.

- Dentro de três dias! – respondeu Nazareth.

- Mas a senhora não se entristece, por deixar-nos? – insistiu Acir.

- Ah! Não os deixarei, nunca, meu querido! Enquanto vocês não forem, virei, quase todas as noites, durante o repouso do corpo, para conversarmos um pouco e acertarmos os detalhes!

- E que detalhes serão esses? – quis saber, Vanilda.

- Do retorno de vocês todos! – prontamente respondeu a irmã, eufórica.

- Mamãe... A senhora quer dizer que nós todos iremos encarnar logo? – questionou Rubens.

- Não tão cedo! Primeiro eu me vou... Preparo tudo direitinho e depois, então, vocês irão. Um de cada vez!

- Concluo, irmã Nazareth, que a senhora nos vinculou, todos, a sua encarnação... - comentou Acir, aguardando, surpreso, pela resposta.

- Sim! Isso mesmo! Mas os nossos mentores irão explicar-lhes tudo minuciosamente, no tempo certo... Quando chegar a hora, irão chamá-los para as devidas explicações e perguntarão se vocês estarão de acordo! Mas, eu tenho certeza de que vocês irão adorar... Não é mesmo? - antecipou, alegremente, a líder do grupo.

Enquanto Nazareth se afastava, apressada como sempre, os amigos se dirigiram ao anfiteatro para a costumeira reunião do entardecer... Pensativo, Rubens comentou:

- Mamãe sempre foi assim... Jamais pensou em seu próprio bem-estar! Dedicou a sua última encarnação aos filhos, parentes, amigos e a muitos irmãos que com ela não tiveram qualquer ligação de parentesco carnal, abdicando, ao extremo, do seu próprio conforto.

Aproveitaram os momentos de oração para pedir pelo sucesso da nova empreitada, a que se propunha a bondosa irmã...

Os três dias passaram rapidamente! E Nazareth, confiante, internou-se na "Casa de Preparação Para Missões Externas".

Como não podia deixar de ser, as despedidas foram comoventes! Mas, Nazareth levava consigo as melhores e mais sinceras vibrações de todos os que com ela conviveram, além da profunda admiração dos irmãos mentores, pela coragem e determinação com que ela revestira a sua breve estada no Plano Superior!

# ESCLARECIMENTOS

À guisa de esclarecimentos, devemos informar que Nazareth, retornando à crosta terrestre, concebeu como filhos biológicos, os seguintes irmãos: Osmar, Moacir, Norberto, Acir, Juventino, Rubens e Lucas.

Como membros da sua nova família carnal, advindos dos casamentos dos filhos, teve: Adair, Deolinda, Vanilda, Sarita, Wanda e Maurício.

Por outras ligações de parentesco, conviveu com: Inocêncio, Maria Lúcia, Célia e Celina.

Ainda que desencarnados, fizeram parte da sua vida: Gabriel e Fabiana.

Graças ao despreendimento e ao elevado espírito cristão da irmã Nazareth, que congregou a todos em seu seio familiar, as personagens desta história, quase todas ainda hoje envergando as suas vestimentas carnais, vivem em sadia harmonia, amparadas que foram pelo amor e pela bondade do nosso Pai Celeste que, complacente, lhes concedeu novas oportunidades de retomar o caminho certo, livres do orgulho, mais humildes e crentes em Deus!

Nazareth, tendo cumprido com maestria a sua difícil missão, retornou, novamente, ao Plano Espiritual, onde aguarda, feliz, a chegada dos seus queridos filhos, noras, netos, sobrinhos e amigos!

ANTONIO CARLOS TEIXEIRA FRANCO

## - QUE DEUS LHE PAGUE, IRMÃ NAZARETH!

(O autor – São Paulo, fevereiro de 1995)

**FIM**

Made in the USA
Columbia, SC
14 February 2023

11982026R00085